Petit traité de self-défense psychologique

Jérôme Palazzolo

Petit traité de self-défense psychologique

Comment gérer l'agressivité

Préface de Franck Ropers

Odile Jacob

3, rue Auguste-Comte, 75006 Paris

www.odilejacob.fr

ISBN : 978-2-4150-1085-0

En hommage à mon sensei, Gérard Brun.

Préface

par Franck Ropers

Il existe un certain nombre d'idées fausses concernant l'agressivité et la violence, et l'origine de tels comportements n'est pas toujours évidente à déterminer. Ce d'autant que ces concepts ne recouvrent pas uniquement l'agression physique. Il s'agit d'une problématique beaucoup plus large, car dans la plupart des cas l'agissement violent (verbal et/ou physique) fait partie d'une gamme de stratégies visant à exercer un pouvoir et un contrôle sur l'individu.

La violence physique peut inclure des gifles, des bousculades, des coups, le fait de pousser, de donner un coup de pied, de tordre un bras, d'étouffer, de brûler, de blesser…

La violence psychologique et émotionnelle peut inclure toute une gamme de comportements dominateurs tels que l'humiliation, le harcèlement, les menaces…

Certains agissements peuvent blesser, mais l'attitude que l'on va adopter face à ceux-ci permet de préserver notre intégrité. Si vous savez quoi dire et quoi faire dans des circonstances critiques, alors vous serez capable de vous protéger efficacement. L'utilisation de stratégies appropriées, la mise en œuvre d'un jugement adapté et une écoute attentive de votre instinct sont des premiers remparts utiles face à une agression verbale ou physique. L'objectif est de montrer que vous n'êtes pas une proie facile. Le fait de démontrer que vous représentez potentiellement un adversaire redoutable suffit dans bien des cas à déstabiliser un agresseur potentiel.

L'ouvrage de Jérôme Palazzolo aborde ces notions d'une manière pratique et didactique. En fin de compte, le message qu'il fait passer est simple : personne dans ce monde n'a autant d'importance que vous !

Personne n'a le droit de voler vos biens, votre avenir ou votre potentiel. En ce sens, vous devez vous considérer comme l'individu le plus important au monde. On ne vit qu'une fois, et le but est de vivre en pleine santé physique et psychique le plus longtemps possible.

L'objectif de cet ouvrage essentiel est de responsabiliser et d'éduquer autant de lecteurs que possible et de leur donner les compétences nécessaires pour se sécuriser sur les plans somatique et mental.

Regardons les priorités de notre société. Lorsque vous êtes dans un centre commercial et que vous effectuez un achat important – disons un appareil électroménager, un nouvel ordinateur ou un téléphone dernier cri –, le vendeur vous demande : « Voulez-vous souscrire à une assurance ? C'est seulement quelques euros de plus par an… » Généralement, vous répondez par l'affirmative. Lorsque vous achetez une nouvelle voiture, vous ne pouvez même pas quitter la concession sans bénéficier d'une police d'assurance complète, qui, par ailleurs, coûte souvent très cher.

Et dans tous les cas, vous dormirez mieux sachant que, si quelque chose arrive à votre nouvelle acquisition, elle sera remplacée ou tout du moins réparée correctement. Tout est question de tranquillité d'esprit...

Souscrivez-vous à une assurance automobile parce que vous envisagez de sauter dans ce véhicule flambant neuf et de foncer contre un mur ou contre une autre voiture ? Bien sûr que non. Vous l'assurez parce que vous savez que vous allez partager la route avec de nombreux autres conducteurs, et qu'il y a un risque que l'un d'entre eux soit imprudent, sous l'empire de substances, ou tout simplement pas assez vigilant, et provoque un accident.

C'est la même chose lorsque vous achetez une maison. La banque ne finalisera pas le processus de prêt tant que vous n'aurez pas en votre possession la police d'assurance appropriée, car elle veut s'assurer que son investissement est protégé. Et même si vous espérez que rien de catastrophique n'arrive jamais à votre domicile, cela vaut la peine de savoir que vous êtes couvert, juste au cas où...

En résumé, nous nous efforçons de protéger tous les objets matériels de notre vie quotidienne. Alors, pourquoi mettre notre sécurité personnelle en jeu ? Pourquoi ne pas se renseigner sur les techniques qui nous permettent d'éviter un conflit ? Pourquoi ne pas apprendre des stratégies nous permettant de ne pas envenimer les choses ? Et pourquoi ne pas s'entraîner à la self-défense ?

Dès lors que vous maîtrisez quelques habiletés vous permettant de vous sentir plus sécure, votre comportement va changer, votre manière d'interagir avec les autres va se modifier et votre estime de vous-même va s'en trouver optimisée.

C'est dans cette optique que cet ouvrage a été écrit.

Je vous souhaite une excellente lecture !

Avant-propos

Au commencement était la Parole. Le reste, comme on dit, fait partie de l'Histoire… Les mots ont quasiment un pouvoir magique depuis que l'Homme utilise le langage pour se libérer des contraintes environnementales. Toutes les autres formes de vie s'adaptent au monde tel qu'il est ; seul l'être humain se sert de phrases pour imaginer un univers tel qu'il le souhaite, puis le transformer en conséquence. Les mots permettent donc en quelque sorte à nos rêves de devenir réalité.

Le langage est aussi un moyen de communiquer nos pensées et nos émotions à l'autre, et, ce faisant, nous prenons également conscience de nous-mêmes (*cum scientia*, connaissance de l'objet par le sujet). Mais les mots, comme tout dispositif à l'origine d'un certain pouvoir, peuvent être – et sont souvent – utilisés dans une optique destructrice. Les guerres commencent et se terminent respectivement à cause ou grâce à des mots. Et celui qui a dit : « Les coups peuvent me briser les os mais le verbe me laisse indifférent » n'a certainement jamais eu à subir un quelconque harcèlement moral… Rappelons que dans certaines peuplades une simple incantation proférée par un sorcier suffit à tuer un homme en quelques jours ! Croyances d'un autre temps, me répondrez-vous ? Je vous rappelle juste qu'au sein de notre civilisation occidentale contemporaine, des agressions verbales quotidiennes peuvent nous condamner à une issue funeste plus lente (mais très similaire) : pensez au burn-out et autres dépressions réactionnelles…

Nous nous sommes tous retrouvés dans des situations où la parole de l'autre nous a fait beaucoup de mal, nous a blessés. Nous nous sommes tous retrouvés dans des situations où le bon mot, énoncé de manière opportune, au bon moment, nous a évité une agression certaine et nous a permis de nous sortir d'un mauvais pas.

Mais dans certains cas, les outils de négociation adaptés nous ont manqué et la confrontation physique est restée inévitable… Voici tout l'intérêt de cet ouvrage : vous proposer des stratégies efficaces inspirées des techniques de communication, des thérapies cognitivo-comportementales et de la psychologie au sens large afin d'optimiser votre confiance en vous et vous permettre de répondre de manière adaptée à l'agressivité.

Introduction

Chaque fois que l'on navigue sur Internet ou que l'on allume la télévision, on ne peut échapper à ces fameux gourous autoproclamés de la motivation qui nous proposent une nouvelle méthode pour avoir une vie fantastique, atteindre tous nos objectifs, développer notre potentiel ou encore vaincre n'importe quel agresseur pourtant deux fois plus imposant que nous !

Même si l'on garde un esprit critique, la triste vérité est que ce type de publicités et autres « messages informatifs » retrouvés dans les médias sont susceptibles d'affecter la manière dont nous jugeons notre environnement ou dont nous envisageons les relations sociales. « Tu n'as pas une Rolex à 50 ans ? Alors tu as raté ta vie ! », a-t-on même pu entendre… et croire ! Et finalement les mots peuvent faire mal, les déclarations désobligeantes peuvent blesser, les commentaires négatifs peuvent dévaster.

Parfois même, si l'attaque verbale n'est pas assez violente, une attaque physique peut suivre. L'actualité foisonne de témoignages de harcèlement moral, voire d'agressions de toutes sortes. Et l'agressivité ne connaît pas de frontières géographiques ni culturelles.

En France, les actes de violence verbale et/ou physique sont réprimés de plus en plus sévèrement. Ils donnent lieu à de fortes mobilisations, facilitées par les réseaux sociaux. La parole se libère peu à peu. Au-delà de la répression de toute forme d'agressivité, la politique de prévention passe par une action contre les stéréotypes.

Cet ouvrage n'a pas pour objectif de faire de vous un être insensible à la malveillance, ni même un combattant de MMA[1]. Bien au contraire, le but est ici d'éviter l'affrontement : il s'agit avant tout de vous apprendre à anticiper une éventuelle situation d'agression, voire de vous défendre vis-à-vis d'une quelconque provocation ou d'une véritable confrontation. Il s'agit alors de reconnaître le type d'agresseur auquel vous avez affaire, et de mettre en œuvre une stratégie de défense psychologique optimale. En adoptant des techniques simples permettant de détourner et de gérer une attaque verbale (qui peut devenir physique), vous allez peu à peu développer un nouveau sentiment de confiance en vous.

Il est donc temps de trouver des solutions, d'abandonner tout sentiment de sidération et d'affronter vos adversaires. Il est temps de ne plus être une victime !

---

1. Arts martiaux mixtes.

CHAPITRE 1

Évaluer son interlocuteur

Lorsque vous savez à qui vous avez affaire, vous possédez déjà un sérieux atout : à partir du moment où vous connaissez votre adversaire, il devient beaucoup moins effrayant. Cette règle s'applique d'ailleurs au règne animal, où avoir conscience de l'individu qui se tient en face de soi est l'enjeu même de sa propre survie. Cette autre créature est-elle un ami ou un prédateur ? Doit-on rester dans la passivité, jouer avec elle, ou risque-t-on de finir dans son estomac ? Vous-même, en étant attentif au comportement des animaux, vous savez ce que vous pouvez attendre d'eux et vous agissez en conséquence... Par exemple, vous allez éviter de vous approcher d'un chat qui souffle et qui sort ses griffes tout en montrant ses crocs. Cependant, lorsqu'il s'agit de l'être humain, les choses diffèrent : rares sont ceux qui prêtent attention aux personnes qui les entourent. Nous sommes choqués et déçus par les actions de nos proches lorsque nous découvrons qu'ils ont menti ou qu'ils nous ont trahis. Cependant, apprendre simplement à regarder ou à écouter celui ou celle qui se tient devant nous peut nous permettre de savoir à quoi nous attendre, et peut nous éviter bon nombre de déconvenues.

La connaissance, c'est le pouvoir : évaluer un interlocuteur agressif verbalement peut vous fournir les informations nécessaires pour prévenir une éventuelle attaque physique. L'objectif est dans un premier temps de développer une sorte de « baromètre émotionnel » vous permettant d'anticiper les réactions de cet adversaire potentiel et de prendre la meilleure décision afin de vous protéger efficacement. Identifier rapidement un éventuel assaillant vous permettra de riposter de manière adaptée, que ce soit verbalement ou physiquement. Un examen attentif de ses expressions, de ses mouvements et de son langage peut vous aider à déterminer si vous vous tenez face à une personne bienveillante ou malveillante.

Stop, look and listen

Combien de fois vous êtes-vous retrouvé éveillé, en pleine nuit, à ressasser une réflexion désobligeante qui vous a été faite la veille ? Et en essayant en vain de trouver une position confortable, vous ne pouvez vous empêcher de vous en vouloir car vous n'avez pas répondu de manière adéquate aux propos malveillants qui vous ont été tenus. Plus vous rejouez ce mauvais scénario dans votre esprit et plus vous avez envie de vous gifler, car vous n'avez pas fait confiance à votre instinct.

Pour vous rassurer, sachez que tout le monde a vécu ce type de mésaventure au moins une fois dans sa vie. La raison pour laquelle vous n'avez pas suivi votre intuition et agi en conséquence est que vous n'avez pas pris le temps de vous poser, de regarder et d'écouter (*stop, look and listen* disent les Anglo-Saxons). Cette règle de base, qui est utilisée pour traverser la rue avec prudence, est également valable face à une agression.

1. Prenez le temps de vous arrêter et d'évaluer la situation avant de vous engager.
2. Analysez l'environnement en regardant à gauche, puis à droite.
3. Avancez en restant vigilant et attentif à toute voiture qui pourrait arriver sans prévenir.

Suivez cette même procédure avec votre interlocuteur, quel qu'il soit. Tout d'abord, arrêtez-vous et évaluez la situation afin de ne pas plonger aveuglément dans l'échange verbal. Prenez par ailleurs en compte la personne dans sa globalité. Observez par exemple son langage corporel, la distance à laquelle elle se situe par rapport à vous, ses expressions faciales, sa posture ainsi que les mouvements de ses épaules, de ses bras et de ses mains. Vous êtes maintenant prêt à vous concentrer sur ce qu'elle vous dit, et sur la manière dont elle vous le dit.

Finalement, si vous aviez appliqué la technique du *stop, look and listen*, vous auriez sans doute passé une bonne nuit de sommeil. Vous auriez remarqué que votre collègue de travail ne vous regardait pas dans les yeux lorsqu'il s'adressait à vous. Ses sourcils étaient froncés et ses lèvres étaient pincées. Vous auriez noté qu'il se tenait à bonne distance, s'éloignant de vous lorsque vous vous rapprochiez de lui. Son attitude vis-à-vis de vous était bien différente de celle qu'il a habituellement avec sa jolie secrétaire : il s'approche d'elle, lui sourit et peine à la quitter des yeux (particulièrement lorsqu'il lui raconte une blague stupide). Si vous aviez vraiment fait attention, vous vous seriez rendu compte qu'à chaque fois que vous l'interrogiez sur ce dossier précis, il avait tendance à éluder la question, restant évasif et changeant de sujet si vous insistiez.

En vous posant, en regardant et en écoutant, vous auriez pu anticiper ce qui allait arriver. Vous auriez pu comprendre que sa vantardise constante était une tentative de vous impressionner et de vous convaincre de sa supériorité. Vous n'auriez pas été aussi prompt à accepter son projet, vous auriez interprété son attitude d'évitement comme un signe qu'il avait quelque chose à cacher. Vous auriez compris que son incapacité à vous regarder droit dans les yeux (principalement lorsque la discussion abordait un point essentiel dudit projet), sa manière de se dandiner et sa prise de distance vis-à-vis de vous étaient en fait la preuve d'un certain malaise... Avec le recul, vous saviez depuis le début que non seulement il était malhonnête vis-à-vis de vous, mais qu'en plus ce reproche qu'il vous a fait en pleine réunion n'était qu'un moyen de masquer son incompétence...

Se concentrer pour évaluer

Vous vous rappelez le jeu des chaises musicales, quand vous étiez gamin ? Quand la musique jouait, vous marchiez à proximité des chaises, toujours en nombre inférieur à celui des enfants qui tournaient autour d'elles. Lorsque la musique s'arrêtait, il fallait s'asseoir et quiconque n'était pas placé devant un siège se retrouvait éliminé. Vous vous souvenez de ce bref instant qui précédait le fait de se ruer sur une chaise ? De cette impression que le temps s'arrête ? Vous vous figiez alors afin de faire un point rapide sur la situation : « Où est situé le siège le plus proche de moi ? »

Eh bien, l'objectif est justement de reproduire cette dynamique lorsque vous avez affaire à un agresseur : vous devez alors vous **concentrer** un très court laps de temps pour **évaluer qui est en face de vous**. Faites quand même attention à ne pas rentrer dans un état de sidération qui ne sera pas constructif et qui vous maintiendra dans une position de vulnérabilité !

Pour évaluer votre interlocuteur, il est essentiel de garder l'**esprit ouvert**. Bruce Lee disait[1] à ce propos : « Soyez sans forme, sans contrainte spatiale, comme l'eau. Versez de l'eau dans une tasse, elle prendra la forme de la tasse ; versez de l'eau dans une bouteille, elle prendra la forme de la bouteille ; versez de l'eau dans une théière, elle prendra la forme de la théière. L'eau peut couler ou s'abattre. Soyez comme l'eau qui fait son chemin à travers les fissures. Ne soyez pas rigide, mais adaptez-vous à l'objet et vous trouverez un moyen de le contourner ou de le traverser. Si rien en vous n'est rigide, les choses extérieures vont se révéler. »

Vous devez donc rester objectif, mettre de côté tous vos préjugés. Éliminez les idées préconçues et ouvrez votre esprit afin de traiter de manière adaptée l'ensemble des informations visuelles et auditives. Faites face directement à la personne. Respirez calmement par le nez, en pratiquant la technique dite de la **respiration carrée** :
- comptez « 1-2-3-4 » sur l'inspiration ;
- comptez « 1-2-3-4 » sur la pause respiratoire ;
- comptez « 1-2-3-4 » sur l'expiration ;
- comptez « 1-2-3-4 » sur la pause respiratoire.

---

1. Interview de Pierre Berton, 1971.

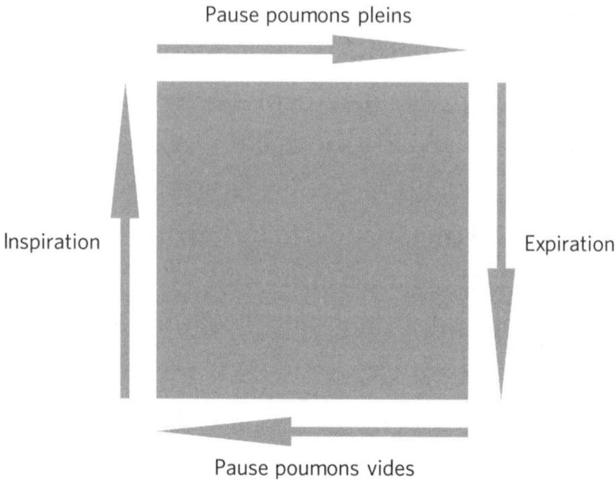

Figure 1

Et bien entendu, pendant que vous vous concentrez sur votre respiration, l'objectif est de rester attentif à votre interlocuteur : étudiez sa posture, ses expressions faciales, ses mouvements de bras, la position de ses mains… Le fait de vous figer un court instant avant d'interagir verbalement (et physiquement si besoin) vous donne le temps nécessaire pour analyser le message qu'il vous transmet et pour répondre en conséquence. Ici le cognitif doit prévaloir sur l'émotionnel, contre nos réflexes instinctifs : cela demande un véritable effort sur soi-même.

Lire son adversaire entre les lignes

On dit souvent que l'on ne peut juger la qualité d'un livre rien qu'en regardant sa couverture… En fait cet adage est partiellement vrai : la couverture d'un ouvrage peut vous apporter beaucoup de renseignements. Par exemple, lorsque vous flânez dans une librairie, vous pouvez voir si le livre qui se trouve devant vous a été manipulé par de nombreux lecteurs potentiels ou s'il n'a jamais été touché, s'il est ancien ou nouveau, s'il coûte cher ou s'il est bon marché...

De la même manière, vous pouvez en apprendre beaucoup sur une personne simplement en la regardant et en l'observant objectivement. Bien sûr, il est totalement inopportun de juger quelqu'un en fonction de la couleur de sa peau, de sa taille, de son poids, de son âge ou de la marque de ses vêtements... Ce qui nous intéresse ici est la façon dont l'individu qui se tient en face de vous agit ; en étant attentif à son attitude et à ses comportements (sa gestuelle, ses mimiques...), vous pouvez en apprendre beaucoup sur lui, en particulier sur le type de relation qu'il souhaite induire avec vous.

En vous entraînant à lire objectivement entre les lignes, vous allez percevoir de nombreuses informations concernant votre interlocuteur, informations que vous n'aviez jamais remarquées auparavant. Ces renseignements vont vous donner un avantage certain lors de vos interactions avec cet individu, car vous ne vous contenterez plus de le regarder dans sa globalité, vous allez dorénavant percevoir divers détails.

EN PRATIQUE
Savoir observer l'adversaire

Cette liste de questions peut vous aider à bien orienter votre regard sur celui qui vous fait face.

- Se tient-il près de vous ?
- Se tient-il loin de vous ? Et dans ce cas, s'avance-t-il pour vous parler ?
- Sa posture est-elle courbée ? Ses épaules sont-elles affaissées ?
- Sa posture est-elle rigide ?
- Se balance-t-il d'avant en arrière quand il vous parle ?
- Est-il en mouvement constant ?
- Ses bras et ses mains s'agitent-ils ?
- Fait-il des gestes brusques ?
- Prend-il beaucoup de place et envahit-il votre espace ?
- Est-il hésitant dans sa démarche ?
- Est-il hésitant dans ses mouvements ?
- Est-ce que sa mâchoire est serrée quand il s'adresse à vous ou qu'il vous écoute ?
- Sa tête est-elle inclinée ?
- Sa gestuelle est-elle en désaccord avec ses propos (par exemple, secoue-t-il la tête de droite à gauche alors qu'il dit « oui ») ?
- Présente-t-il des tics faciaux ou des contractures musculaires lorsqu'il vous écoute ?
- Les vaisseaux sanguins et les muscles de son cou sont-ils saillants lorsqu'il vous parle ?
- A-t-il du mal à vous regarder dans les yeux pendant qu'il vous écoute ?
- Détourne-t-il le regard lorsqu'il vous parle ?
- Sourit-il quand il vous regarde ?
- Est-ce qu'il fronce les sourcils lorsqu'il vous parle ou qu'il vous écoute ?
- Regarde-t-il vers le haut lorsqu'il vous parle ou qu'il vous écoute ?

- A-t-il un regard vide lorsque vous vous adressez à lui ?
- Hoche-t-il la tête en signe d'accord lorsque vous parlez ?
- Secoue-t-il la tête de droite à gauche et de gauche à droite en vous écoutant parler ?
- Prend-il un air dédaigneux lorsqu'il s'adresse à vous ?
- Sourit-il de manière inappropriée ?
- Est-ce que son regard est agressif lorsque vous parlez, son front est-il plissé, sa bouche est-elle tirée sur le côté et a-t-il un sourcil relevé ?
- Ses narines sont-elles dilatées lorsqu'il vous parle ?
- Sa bouche est-elle entrouverte lorsqu'il vous écoute ?
- Touche-t-il instinctivement son visage avec ses mains ?

Un regard révélateur

Il est commun de dire que « les yeux sont les fenêtres de l'âme ». Le regard en dit tellement sur nos intentions… Nos yeux bougent constamment lorsque nous pensons, nous observons notre environnement ou nous parlons.

Quand la personne qui se tient en face de vous ne vous regarde pas, qu'est-ce que cela signifie vraiment ? Quelque chose dans votre attitude lui déplaît, elle ne s'intéresse pas à vous, elle manque de confiance en elle ?… La réponse est sans doute liée à tout ou partie de ce qui précède…

Are you watching me ?

Le regard donne le signal pour répondre à une question, pour parler à son tour. Lorsque vous souhaitez intervenir dans une conversation, vous regardez généralement votre interlocuteur dans les yeux ; et lorsqu'il vous fixe à son tour, cela indique que c'est à vous de vous exprimer. Ce contact visuel est généralement interrompu pendant quelques secondes lorsque vous commencez à parler. Ainsi, si la personne avec laquelle vous échangez ne fait pas preuve de bienveillance à votre égard ou ne s'intéresse pas à ce que vous racontez, il est fort probable qu'elle n'établisse aucun contact visuel avec vous. Ce type de comportement se produit d'ailleurs souvent avec des individus toxiques qui cherchent à vous intimider, ou avec des narcissiques qui s'écoutent pérorer. À l'inverse, un sujet qui scrute constamment la pièce autour de lui lorsqu'il doit prendre la parole, sans jamais regarder dans votre direction, peut souffrir d'anxiété sociale et/ou se sentir mal à l'aise, voire en insécurité en votre présence.

Si votre interlocuteur lève les yeux vers le ciel lorsqu'il s'adresse à vous, il est probable qu'il cherche à se souvenir de quelque chose, ou qu'il pense à un détail précis. Si son regard se porte de côté, cela peut également indiquer un sentiment d'incertitude, de doute. Si son regard est fuyant, cela peut traduire un certain malaise ou une nervosité mal contrôlée.

En revanche, un regard appuyé sans sourire peut être assez déconcertant, voire anxiogène : votre interlocuteur peut alors être furieux contre vous, voire hostile à votre égard. La durée pendant laquelle il vous fixe de cette manière peut être un indicateur de risque d'agression physique ! Cela est souvent le cas lorsqu'on se retrouve face à un sujet difficilement contrôlable pouvant présenter une certaine intolérance à la frustration et une tendance au passage à l'acte violent… Mais attention : tous les regards appuyés ne sont pas les prémices d'une agression : cela peut par exemple indiquer que la personne en face de vous vous trouve charmant. Dans ce cas, il est intéressant de s'intéresser à ses pupilles, qui ont alors tendance à se dilater…

Lorsque votre interlocuteur vous scrute de haut en bas, vous toise, il peut chercher à instaurer un rapport hiérarchique, tenter de vous rabaisser lors de l'échange verbal. Si ses sourcils sont froncés et/ou que ses yeux sont plissés, vous pouvez être assuré que l'individu qui vous fait face n'apprécie pas vos propos, est en colère contre vous et/ou ne vous porte pas en très haute estime… Un écarquillement des yeux peut indiquer que la personne est surprise par quelque chose que vous venez de dire, ou qu'elle-même est catégorique sur un sujet précis. Un regard porté vers le bas peut indiquer que votre interlocuteur est gêné, honteux ou attristé, voire qu'il a une mauvaise estime de lui-même, qu'il n'a pas confiance en lui.

Un clignement excessif des paupières peut refléter une certaine insécurité, ou peut être le signe que le sujet en face de vous ne vous dit pas la vérité. Sachez toutefois que le mensonge n'est pas toujours associé à un regard fuyant ; les bons joueurs de poker peuvent vous fixer droit dans les yeux et bluffer, sans aucune difficulté. Par ailleurs, quelqu'un qui cherche à vous trahir aura tendance à accrocher constamment votre regard, adoptant ainsi une attitude sociale désadaptée qui vise à prouver qu'il n'a rien à cacher. Ce comportement peut même être confondu avec une honnêteté sans faille. Par conséquent, le contact visuel n'est pas le seul indicateur à utiliser pour déterminer la culpabilité ou l'innocence d'une personne, mais il peut être un facteur important.

Enfin, si votre interlocuteur regarde au loin, fixe sa montre ou est distrait par un autre objet, il y a de fortes chances que votre conversation l'ennuie et/ou qu'il ne s'intéresse pas à vous.

Le visage, fenêtre des émotions

Outre le regard de votre interlocuteur, les expressions de son visage en disent long sur ce qu'il pense de vous. Environ 75 % de notre communication non verbale se fait avec le visage. Selon le psychologue Paul Ekman de l'université de San Francisco, nous exprimons six émotions de base par ce biais : la joie, la tristesse, la colère, le dégoût, la surprise et la peur. Quelle que soit la culture du sujet, quelle que soit son origine, ces expressions faciales sont universelles.

Le système limbique révèle nos émotions – ce que nous ressentons. Même si nous essayons volontairement de contrôler nos expressions faciales pour cacher nos vrais sentiments, la dynamique involontaire du cerveau finit par reprendre le dessus. C'est d'ailleurs cette spécificité qui est utilisée par les mentalistes pour « deviner » ce que vous pensez…

Au cœur du cerveau, au cœur des émotions : le système limbique

Le système limbique est constitué de plusieurs noyaux situés sous le cortex et à proximité du thalamus.

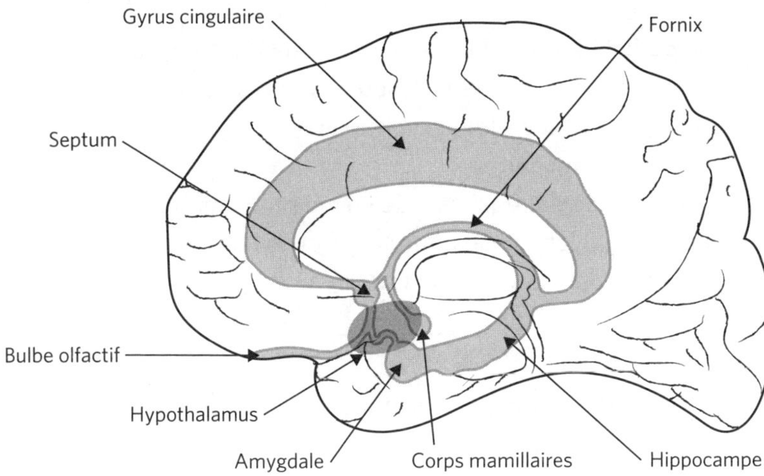

Figure 2

- L'**hippocampe** : rôle dans l'apprentissage et le stockage d'une information en mémoire à long terme.
- L'**amygdale** : rôle dans l'agressivité, la colère, la peur, l'anxiété et la mémoire émotionnelle. Lorsqu'elle est stimulée électriquement, les animaux réagissent avec agressivité. Et si

l'amygdale est enlevée, les animaux deviennent très apprivoisés et ne répondent plus aux choses qui auraient provoqué l'agressivité auparavant.
- Le **fornix** : relie les structures de l'encéphale et permet le traitement des informations émotionnelles, motrices et végétatives.
- Le **cortex limbique** (gyrus cingulaire, cingulum, insula et gyrus parahippocampique) : rôle dans le contrôle conscient du comportement.
- Le **septum** : l'un des premiers rôles fonctionnels à associer au septum a été l'implication dans le circuit de récompense (ou de renforcement). Les noyaux du septum ont été impliqués dans un certain nombre d'autres rôles tels que le comportement social et l'expression de la peur, et les anomalies du fonctionnement septal ont été liées à une variété de maladies allant de la dépression à la schizophrénie.
- L'**hypothalamus** : c'est une partie vitale du système limbique qui est responsable de la production de multiples messagers chimiques, dont certaines hormones.
- Les **corps mamillaires**.
- Le **gyrus cingulaire** : il sert de voie de transmission des messages entre les parties intérieure et extérieure du système limbique.

La gamme des émotions humaines se révèle tout au long de l'échange verbal, donc, en portant une attention particulière aux mimiques de votre interlocuteur, vous pouvez évaluer la manière dont il ressent les choses au cours de la conversation. Cette évaluation peut débuter alors que l'individu qui se tient en face de vous a les sourcils relevés et la tête penchée sur le côté, ce qui révèle qu'il doute de ce que vous dites. Alors que vous continuez à parler, vous pouvez voir les coins de ses lèvres se relever, indiquant qu'il est amusé par vos propos.

Puis vous constatez que ses narines sont légèrement évasées, que sa lèvre inférieure est saillante et qu'un sourire se dessine alors que vous poursuivez votre discours, ce qui indique qu'il est sous le charme !

La bouche, quant à elle, reste le marqueur principal de la joie ou de la colère. Si la personne à qui vous vous adressez pince ses lèvres, il est probable qu'elle soit ennuyée par votre discours. Si cet ennui persiste, son expression faciale peut se transformer en irritabilité alors qu'elle relève son menton ainsi que sa lèvre supérieure, et qu'elle plisse le nez.

Si votre interlocuteur est attristé par vos paroles, son visage restera peu expressif (à l'exception de ses yeux et des muscles péri-orbitaires) et sa lèvre inférieure s'affaissera. Si ce que vous dites l'énerve, il pourra mordiller ou se lécher les lèvres, sourire nerveusement à des moments inappropriés avant de reprendre ses expressions faciales habituelles.

Émotion	Expressions du visage
Joie	Commissures des lèvres relevées et plissées, ridules au niveau des muscles péri-orbitaires et joues relevées bien rebondies. Certaines études montrent que les sociopathes affichent ce type d'expressions du visage lorsqu'on leur montre une vidéo d'agression.
Tristesse	Les commissures des lèvres tombent, les yeux se baissent et la partie interne des sourcils semble tirée vers le haut tandis que leur partie externe s'affaisse.
Colère	Lèvres pincées ou retroussées pour montrer les dents, sourcils froncés, regard fixe et parfois narines dilatées.
Peur	Sourcils relevés, yeux grands ouverts, lèvres étirées vers les oreilles.
Dégoût	Sourcils froncés, nez froncé, lèvre supérieure relevée laissant apparaître plus ou moins les dents.

Émotion	Expressions du visage
Surprise	Attention à ne pas la confondre avec la peur, même si les expressions du visage en résultant se ressemblent parfois à s'y méprendre : sourcils relevés, yeux grands ouverts, bouche entrouverte ou parfois grande ouverte. La plus grande différence réside dans la durée de l'expression : la surprise est très rapide, contrairement à la peur. Selon Ekman, si l'expression de surprise réside plus d'une seconde sur le visage de votre compagnon quand vous lui annoncez que vous êtes enceinte, désolé madame, mais il était déjà au courant et ne veut juste pas vous gâcher l'effet de... surprise !

Décrypter le langage corporel

Comme nous venons de le voir, le visage ne peut mentir. Eh bien, le corps non plus ! Nous utilisons des signaux universels pour communiquer, signaux qui transcendent les cultures. La distance physique que nous établissons avec notre interlocuteur, la manière dont nous nous tenons, les mouvements de nos bras et de nos mains, la position de notre tête, la façon dont nous nous serrons la main et celle dont nous nous touchons sont des indicateurs qualitatifs de la relation qui s'établit avec la personne qui nous fait face.

Les distances nous trahissent

Il est aisé de savoir si votre interlocuteur apprécie d'être en votre compagnie ou pas, simplement en analysant votre proximité physique. Un sujet qui s'éloigne de vous lorsque vous avancez vers lui n'est sans doute pas dans le même état d'esprit que vous. Il se sent peut-être mal à l'aise en votre compagnie, et préfère maintenir une certaine distance entre vous. Faites tout de même attention : une personne qui envahit votre espace peut appartenir à une autre culture où la norme en matière de communication est associée à une faible proximité physique ; dans d'autres cas de figure, elle peut tout simplement vous apprécier et vouloir se rapprocher le plus possible de vous.

D'un autre côté, voir son interlocuteur envahir votre espace peut être une technique d'intimidation afin de prendre le dessus sur le plan psychologique lors d'un échange verbal.

Tout est dans la posture

La posture de votre interlocuteur est un important reflet de ses sentiments à votre égard, et exprime également la manière dont il se sent. Ainsi, une personne ayant une faible estime d'elle-même aura tendance à s'avachir. Si au contraire, elle se grandit face à vous en bombant le torse, cela peut être une tentative d'intimidation. Si elle porte une attention particulière à vos propos, elle se penchera vers vous, les bras décroisés. Si elle est en confiance et détendue, elle aura tendance à se pencher en arrière avec les bras décroisés.

Un individu qui s'intéresse à ce que vous dites va se placer face à vous, tandis que son manque d'attention se reflétera dans le fait qu'il vous tourne le dos.

S'il s'ennuie ou qu'il est nerveux, il aura tendance à croiser et décroiser ses jambes, à se balancer d'avant en arrière en position assise ou debout, à jouer avec ses mains et à tapoter avec ses doigts ou ses pieds. Son corps peut être tendu, rigide s'il est anxieux, et être pris de tremblements fins des extrémités difficilement contrôlables.

Si vous blessez quelqu'un par vos propos, son corps va se relâcher progressivement, et ses mouvements vont devenir plus lents et désordonnés. Par contre, si votre interlocuteur reste immobile, adopte une posture rigide, il est sans doute tendu et nerveux ; et si dans ce cas il a tendance à s'éloigner de vous, il y a de fortes chances qu'il n'apprécie plus vraiment votre compagnie…

Jeux de bras et de mains

Jouer avec ses mains et/ou se les frotter, tapoter avec ses doigts, s'arracher les cuticules ou se ronger les ongles indique souvent une certaine nervosité et/ou un net inconfort.

Croiser les bras est généralement un marqueur d'hostilité, tout comme le fait de mettre ses mains sur ses hanches, de pointer du doigt, d'avoir des mouvements rapides et amples des bras et des mains, voire de serrer les poings. Il est bien entendu nécessaire de prendre en compte le fait que des gestes excessifs des membres supérieurs peuvent être culturels, mais, dans la plupart des cas, ils correspondent à une certaine irritabilité et sont le marqueur d'une volonté d'influencer et/ou de convaincre son interlocuteur.

Croiser et décroiser alternativement les bras signifie généralement que l'on est ennuyé par les propos de la personne qui nous fait face. En cas de réel agacement, on aura plutôt tendance à se gratter machinalement la tête. Il est important de noter que si votre contradicteur lève ses mains vers le ciel, il est en train d'abandonner la joute verbale et de se rallier à votre cause. Enfin, si le sujet ouvre et serre les poings, voire s'il bouge de manière alternative la main droite et la main gauche, il est probable qu'il soit en grande difficulté pour prendre une décision. La gestuelle est dans ce cas répétée plusieurs fois de suite.

La proximité physique

La façon dont une personne vous serre la main en dit long sur ses intentions. Il est là aussi nécessaire de souligner qu'une poignée de main comporte des aspects culturels. Au Japon, par exemple, on se salue et on se dit au revoir en s'inclinant. Si vous serrez la main à un japonais, son geste sera peu appuyé et fugace ; cela traduit un certain malaise, car il s'agit d'un acte qui sort de ses normes sociales habituelles. En dehors de la culture asiatique, une poignée de main fuyante signifie généralement que votre interlocuteur est timide, voire qu'il éprouve une faible estime de lui-même ; cela peut également être un signe de soumission.

En revanche, une poignée de main ferme indique une certaine confiance en soi. Restez quand même vigilant : si celle-ci est trop appuyée, il est possible que votre interlocuteur essaie d'établir un rapport de domination ou de pouvoir sur vous[1]. Cela peut également refléter une certaine hostilité à votre encontre. Et à moins que la personne ne souffre d'une paralysie du bras, si vous lui tendez la main et qu'elle refuse de la serrer, alors cela veut dire qu'elle en a vraiment après vous ; c'est un comportement extrêmement hostile.

Une paume moite reflète souvent de la nervosité, mais n'excluez pas le fait que, dans certains cas, il peut tout simplement s'agir d'une transpiration excessive constitutionnelle.

1. Regardez comment Donald Trump procède…

Rester à l'écoute

Tout comme vous analysez l'individu qui se tient en face de vous avec vos yeux, vous pouvez utiliser vos oreilles pour déterminer ses intentions. Dans ce cas, il faut non seulement prêter attention à ce qu'il dit, mais également à la manière dont il le dit. La façon dont les gens vous parlent est tout aussi révélatrice que la façon dont ils agissent vis-à-vis de vous.

Tout est dans le ton

Le ton de la voix est sans doute le plus important révélateur de ce que votre interlocuteur ressent pour vous ou vis-à-vis de lui-même. Ce qui se passe sur les plans cognitif et émotionnel se reflète clairement dans les variations de cette large palette sonore.

Bien entendu, le timbre de voix peut résulter de conditions génétiques ou de comportements appris. Par exemple, un ton haut perché n'est pas nécessairement snob ou condescendant, mais peut être en lien avec une simple habitude ou une origine géographique spécifique.

Un ton monocorde et ennuyeux est généralement associé à une gestion problématique des émotions, voire à certains troubles de la communication. La personne peut alors éprouver des difficultés à établir et à maintenir une relation de proximité parce qu'il lui est difficile de transmettre un message selon le bon canal et avec les bons codes.

Entre douceur et agressivité

Si votre interlocuteur est une interlocutrice et que le ton de sa voix monte dans les aigus tout en devenant (en apparence) de plus en plus calme et posé, il s'agit de signaux faussement rassurants car ils reflètent généralement beaucoup d'hostilité intérieure et d'agressivité passive. Si le discours se poursuit, ne soyez pas surpris d'entendre la hauteur de sa voix descendre de quelques octaves et soyez attentif aux propos hostiles qui s'échappent de sa bouche, pourtant si délicate il y a encore quelques minutes...

D'un autre côté, une personne à la voix douce peut parler de cette manière en raison d'une mauvaise estime d'elle-même et d'un manque de confiance. Sa timidité peut l'amener à estimer que ce qu'elle a à dire n'est pas assez significatif ou important. En raison de cette faible estime d'elle-même, elle peut avoir un comportement passif-agressif, et ainsi parfois utiliser la douceur de sa voix pour forcer l'autre à écouter ou pour attirer son attention lorsqu'elle prend la parole. Le fait de parler tout bas peut dans certains cas avoir pour effet de forcer une écoute attentive. Mais en s'exprimant ainsi, l'orateur ne montre aucune véritable émotion.

L'attaque verbale

Un interlocuteur agressif aura tendance à accélérer son discours, les mots sortant alors de sa bouche comme les balles d'une mitraillette ; c'est le signe d'une colère patente dirigée contre vous, contre lui-même ou contre le monde entier. L'objectif est alors de rester à l'écart, de prendre de la distance car une telle hostilité aura tendance à vous faire réagir en miroir. Bien souvent la personne n'est même pas consciente de l'agressivité qu'elle peut déclencher et se demande pourquoi vous lui répondez avec une attitude aussi défensive.

Il en va de même pour les individus excessivement bruyants. À moins de souffrir d'une surdité partielle, le fait de parler fort donne le sentiment que la personne qui s'adresse à vous est sûre d'elle, a besoin de beaucoup d'attention et souhaite être remarquée. Quelqu'un qui cherche à vous intimider va souvent faire varier le ton de sa voix dans le sens d'une amplification désagréable.

Hésitations

Vous vous souvenez de Porky Pig, le cochon qui bégaie tout le temps ? Hormis les personnes qui souffrent de ce trouble de manière chronique, il nous est tous arrivé à un moment ou à un autre de buter sur des mots dans des situations anxiogènes. Généralement cela reflète un certain conflit émotionnel, voire une nervosité importante face à quelqu'un qui nous intimide. Ce problème survient par exemple lorsqu'il faut s'adresser à une assemblée formelle.

D'un autre côté, lorsque votre interlocuteur hésite dans ses propos ou parle très lentement, vous êtes en droit de vous demander s'il dit la vérité, car il peut s'agir d'un signe de mensonge…

Casser la voix…

Une voix rauque n'est pas nécessairement sexy. En effet, elle reflète souvent un tempérament colérique. On parle de dysphonie en médecine, c'est dû à un surmenage vocal, c'est-à-dire à une sollicitation excessive de la voix qui entraîne des lésions bénignes (nodules) des cordes vocales. Et cette problématique – hormis les cas de laryngite ou de lendemain de concert – touche généralement le sujet particulièrement nerveux qui crie et hurle au quotidien ; dans ce contexte, un petit travail psychothérapeutique dédié à une meilleure gestion émotionnelle a tout son intérêt…

Garder le rythme

Un orateur trop rapide est généralement une personnalité de type A, à savoir une véritable tornade qui fait toujours dix choses à la fois avec une telle urgence qu'elle laisse dans son sillage une assistance épuisée, agacée, voire intimidée. Ce profil hyperactif a tendance à fatiguer son auditoire car il est difficile à suivre et parfois à comprendre. Il peut donner l'impression de chercher à vous embrouiller, mais ses intentions sont tout à fait honnêtes.

La personnalité de type « A », comme (hyper)activité

Le « A » est défini comme une personnalité hyperactive, vivant sans cesse dans l'urgence, pouvant s'énerver facilement et étant généralement dans l'hyperinvestissement professionnel. Il a besoin de tout contrôler et est souvent particulièrement exigeant vis-à-vis de lui-même et des autres. Ce perfectionniste impatient, voire agressif, compétiteur, ambitieux et multitâche, a tendance à surcharger ses journées. Bref, un bourreau de travail, ce qui lui assure un certain succès professionnel.

Le « B », la force tranquille
On dit des « B » qu'ils sont décontractés et, contrairement aux « A », très peu portés sur la compétition. Moins ambitieux, ils entretiennent un rapport aux gens et une maîtrise des émotions plus adéquates. Leur caractère les amène à plus facilement déléguer, à mieux gérer leur emploi du temps. Ils apparaissent vite indispensables quand il s'agit de gérer des projets de groupe, car ils sont rassurants et savent fédérer. Autre caractéristique des « B » : une plus grande créativité.
Les « B » seraient le parfait mix entre les « A » et les « C »...

Le « C » = un « A » inversé
Pour faire simple, le « C » est un « A » mal dans sa peau. Faux calme, il cherche sans arrêt à maîtriser et intérioriser ses émotions. En fait, il peine à gérer son stress. Au bureau comme dans la vie, le « C » aurait tendance à rechercher à tout prix la reconnaissance. Il veut aussi apaiser les relations, quitte à prendre les tensions sur lui. Décrit comme doux, le « C » peut, comme le « A », se surinvestir au travail. Mais sa personnalité lui assure moins de perspectives de réussite.
Un conseil pour les « C » : écoutez vos aspirations profondes, quitte à vous fâcher avec certains de vos proches et/ou de vos collègues.

N'oubliez cependant pas que, dans certains cas, un rythme oratoire accéléré peut traduire un trouble de l'estime de soi (« Je ne suis pas digne de m'exprimer et d'être écouté »).

À l'inverse, certaines personnes ont un phrasé très lent, très posé. À moins qu'elles ne souffrent d'une véritable pathologie neurologique entraînant un débit ralenti, cette manière de parler traduit souvent un certain égocentrisme. Votre interlocuteur est alors extrêmement soucieux de tout dire correctement, ayant même une fâcheuse tendance à s'écouter parler... Lorsque vous essayez de l'interrompre, il peut tout à fait vous ignorer et continuer son discours comme si de rien n'était. Cela peut également être un moyen de masquer la vérité, en évitant d'aborder un sujet précis.

Enfin, si le phrasé est très articulé, que chaque mot est prononcé avec précision, cela peut traduire un désir d'être remarqué et d'être considéré comme très intelligent. La personne fait souvent preuve d'ultracrépidarianisme, terme savant qui traduit le comportement consistant à donner son avis sur des sujets à propos desquels on n'a pas de compétence crédible ou démontrée ! Dans bon nombre de cas, il s'agit simplement d'une attitude cherchant à masquer une insécurité extrême.

CHAPITRE 2

Se connaître pour mieux riposter

Lorsque vous vous connaissez d'un point de vue comportemental, cognitif et émotionnel, vous savez comment vous comporter efficacement, quelle que soit la situation qui se présente à vous. Vous éprouvez une confiance en vous suffisante pour réagir de manière appropriée et vous êtes assez sûr de vous pour connaître vos limites (qu'est-ce qui est tolérable/intolérable pour vous ?). Si vous savez que vous avez tendance à agir d'une certaine manière mais que cela ne vous donne aucun avantage dans l'affrontement verbal, alors vous devez vous comporter de manière plus efficace afin de prendre le dessus.

Comment les autres vous voient-ils ?

Pourquoi se soucier de ce que les autres pensent de vous ? Après tout, votre apparence, votre comportement et vos propos vous regardent, et ne regardent que vous. Vous savez que vous êtes qualifié pour ce travail, vous êtes persuadé que vous êtes une bonne personne et que vous seriez un partenaire amoureux idéal… Et vous avez tout à fait raison !

Cependant, à moins que vous ne communiquiez de manière adaptée, il est peu probable qu'on vous donne la possibilité de prouver à quel point vous êtes compétent pour ce poste ou que l'on prenne le temps de mieux vous connaître et de découvrir à quel point vous êtes merveilleux, sensible et généreux. La vérité est que nous ne vivons pas en méritocratie. Dans un monde idéal, les choses superficielles telles que l'apparence ne devraient pas avoir d'importance. Dans le monde réel, cependant, cela compte. Si les gens vous perçoivent sous un jour plus positif, ils vous traiteront mieux. Ils auront plus confiance en vous, ce qui se traduira par de meilleures opportunités pour vous.

De nombreuses études en psychologie sociale montrent que si vous avez une posture adaptée, une démarche affirmée, un regard appuyé, des expressions faciales empathiques, une voix posée et de bonnes compétences en communication, vous serez perçu comme étant plus riche que vous ne l'êtes vraiment, plus prospère en affaires, moins coupable d'avoir commis un crime, plus intelligent, plus amical et plus attirant sexuellement que si vous ne possédez pas ces qualités (Berjot et Delelis, 2020).

Comment les autres vous considèrent-ils ?

Pour connaître objectivement l'avis des autres vous concernant, il n'y a pas cinquante options : le mieux est de leur demander directement comment ils vous perçoivent.

Dites-leur qu'ils ne vous blesseront pas et qu'ils vous feront une grande faveur en vous fournissant ces informations.

Prenons l'exemple de Renée, ex-présidente-directrice générale d'une grande entreprise très prospère. Elle a travaillé pour cette entreprise pendant vingt-cinq ans, et elle a été remerciée du jour au lendemain en raison d'une réduction des effectifs apparemment nécessaire (licenciement économique). Elle était sur une voie toute tracée, et soudain son monde s'est effondré : elle a perdu le même mois son travail et son mariage (son mari a demandé le divorce). Ne sachant plus très bien qui elle était ni où elle allait, elle s'est alors donné pour objectif de découvrir comment les autres la considéraient. Elle a donc envoyé une centaine de lettres à des personnes qu'elle connaissait bien – des collègues, des amis, des membres de sa famille, et même des gens qui ne l'appréciaient pas particulièrement.

Elle leur a demandé de prendre quelques instants pour écrire honnêtement ce qu'ils pensaient d'elle. Elle a ensuite compilé toutes les données et est parvenue à un consensus sur le fait qu'elle était à la fois un moteur et une innovatrice, qu'elle aimait les gens et qu'elle était appréciée en retour, qu'elle était amicale et sensible aux besoins des autres. Elle avait passé plus de temps à conseiller ses employés qu'à se préoccuper du résultat économique net. Elle a également découvert qu'elle était impatiente, parfois de mauvaise humeur, surtout quand elle n'atteignait pas les objectifs qu'elle s'était fixés.

Cette information a changé sa vie. Renée a créé un cabinet de recrutement dont l'objectif est d'aider les scientifiques et les chercheurs à trouver un emploi. Elle s'épanouit dans sa nouvelle activité et avoue « n'avoir jamais été aussi heureuse de sa vie » : elle conseille et apporte une aide concrète à des personnes fragilisées. Elle gagne plus d'argent qu'auparavant, pratique la méditation afin de mieux gérer son tempérament hyperactif et son impatience, et elle a épousé l'un de ses clients.

Le consensus à votre sujet

Afin de faciliter le témoignage de vos proches – il n'est pas toujours aisé de dire ce que l'on pense vraiment de quelqu'un –, vous pouvez leur demander comment, selon eux, un étranger vous percevrait. Cela permet en quelque sorte de les dédouaner ; ils sont moins susceptibles de penser qu'ils vont vous embarrasser. Cet exercice peut impliquer vos collègues, votre employeur, votre conjoint(e), vos enfants, vos amis, vos proches et tout autre individu qui vous connaît un tant soit peu.

Écrivez les réponses dans un cahier, en spécifiant le nom de la personne à qui vous posez les questions, et en précisant ce qu'elle représente pour vous. Faites-le avec cinq à dix traits de caractère dans chaque catégorie, positive ou négative. Plus vous obtenez d'informations sur la manière dont vous êtes perçu, plus vous en saurez sur vous-même en notant les observations convergentes. Il vous sera alors possible d'en prendre conscience et de commencer à modifier vos comportements dysfonctionnels éventuels. Vous serez ainsi plus efficace en cas d'agression verbale, vous gagnerez en recul et en maîtrise de soi.

Vous trouverez ci-après un exemple de tableau que vous pouvez remplir pour vous aider à mieux comprendre comment les gens vous perçoivent. L'objectif est de déterminer dans un premier temps la manière dont vous vous voyez, et de la comparer ensuite avec ce que les autres pensent de vous. Si les commentaires qui vous concernent sont très différents de votre propre perception, cela peut être une bonne illustration de vos biais de perception. Un tel constat peut vous aider à modifier vos actions et/ou la manière dont vous vous considérez.

EN PRATIQUE

Analyser vos forces et vos faiblesses

Comment je me perçois

Je me vois comme...

Traits négatifs	Traits positifs
____________________	____________________
____________________	____________________
____________________	____________________
____________________	____________________

Comment les autres me perçoivent

Ma famille et mes proches pensent que je suis...

Nom	Commentaires
____________________	____________________
____________________	____________________
____________________	____________________
____________________	____________________

Refaites maintenant ce même tableau en notant les opinions d'amis, de connaissances, de professionnels (médecin, dentiste, enseignant...), voire de collègues de travail.

Analyser les perceptions pour dégager des consensus

Consensus d'opinion sur les commentaires d'autrui à mon sujet :

	Consensus positif	Consensus négatif
1. Famille	______________	______________
2. Amis proches	______________	______________
3. Connaissances	______________	______________
4. Professionnels	______________	______________
5. Collègues, employeur	______________	______________

Commentaire général sur la manière dont les autres me perçoivent : ____

____

Commentaire général sur la manière dont je me perçois : ________

____

____

Miroir, dis-moi qui je suis...

Avant de vous lancer dans un affrontement verbal, il est donc important de vous autoexaminer de manière objective. Il faut pour cela vous mettre émotionnellement à nu, et ranger votre ego sous un mouchoir. L'exercice consiste à vous dissocier et à prétendre que vous regardez une personne autre que vous-même. Essayez de considérer cet individu (vous) de la même manière que les autres peuvent le voir et le percevoir. L'idéal est d'utiliser un miroir, de préférence en pied, ainsi qu'une caméra (votre portable fera parfaitement l'affaire). Ce matériel est idéal pour vous observer et garder une trace des changements comportementaux que vous apportez au fur et à mesure que vous mettez en pratique de nouvelles compétences de communication. Vous serez alors en mesure de voir et d'entendre les progrès réalisés au fil du temps.

Approchez-vous du miroir et examinez la personne qui se tient devant vous. Observez-vous en train de marcher, puis comportez-vous de manière habituelle en regardant cet individu en face de vous. Aussi ridicule que cela puisse paraître, parlez avec votre reflet comme s'il s'agissait d'un véritable interlocuteur. Posez-vous quelques questions, en utilisant le « tu ». Par exemple, ne demandez pas « Qu'est-ce que j'ai fait aujourd'hui ? », mais plutôt « Qu'as-tu fait aujourd'hui ? » L'exercice est à réaliser debout, puis assis, pour bien observer votre posture, votre gestuelle, vos expressions, selon les situations, et prendre conscience de ce qu'elles traduisent de votre état intérieur et de votre rapport à l'autre.

Quelques sujets de conversation avec soi-même

1. Quelle a été la plus belle expérience de ta vie ?
2. Quels sont tes projets pour cette semaine et la semaine prochaine ?
3. Que souhaiterais-tu obtenir dans une vie idéale ?
4. Quelles sont les trois personnes qui ont le plus influencé ta vie, et de quelle manière ?
5. Décris ton (ta) partenaire idéal(e).
6. Décris en détail un événement que tu aimerais revivre.

Lorsque vous regardez la vidéo pour vous examiner objectivement, il est préférable de le faire seul afin que personne ne puisse influencer votre analyse. Il peut être également intéressant d'enregistrer une de vos conversations téléphoniques et de l'écouter *a posteriori*.

Le choc des photos

Il est possible d'en apprendre beaucoup sur la manière dont vous vous percevez simplement en analysant des photos de vous (comme pour tout ce qui concerne vos expressions faciales, votre façon de vous tenir assis et/ou debout...). La raison pour laquelle beaucoup de gens ne s'apprécient pas sur certains clichés est qu'ils n'y apparaissent pas sous leur meilleur profil. Sans trop savoir ce qui ne va pas, ces personnes déclarent généralement que leurs portraits reflètent quelque chose de négatif, elles n'y apparaissent pas telles qu'elles se voient.

Certains individus soulignent que, quelle que soit la photo, quel que soit l'endroit ou le moment où celle-ci a été prise, ils n'apprécient tout simplement pas leur apparence. Lorsqu'on analyse plus en détail les clichés, il est aisé de constater que leur posture et leur expression faciale (un sourire tendu ou des sourcils froncés, par exemple) peuvent contribuer à leur donner une vision négative d'eux-mêmes. Il est ainsi probable que ces personnes n'aient pas une très haute estime d'elles-mêmes...

CHAPITRE 3

Faire face au stress et s'affirmer

Évaluez votre stress global pour le gérer

Avant de mener à bien un échange face à un interlocuteur agressif, certaines étapes sont nécessaires sur le plan de l'analyse et de la gestion de votre stress global.

1. Identifier et analyser votre savoir-faire et votre savoir-être, afin de :
   - faire le bilan de votre niveau de stress, en évaluant vos connaissances théoriques et vos compétences pratiques : par exemple, remplir un questionnaire de gestion du stress, tel que l'échelle du stress perçu (PSS), pour identifier les situations qui vous affectent le plus. Bilan : vous comprenez que les deadlines serrées augmentent votre stress, tandis que les tâches créatives vous apaisent ;
   - prendre conscience de votre potentiel, afin de l'exploiter au mieux : par exemple, faire un bilan de compétences et découvrir que vous avez une grande capacité à résoudre des problèmes complexes ;

- valoriser vos points forts : par exemple, noter vos réussites passées (« J'ai organisé un événement avec 200 participants ») et partager ces expériences ;
- mettre en évidence vos points perfectibles, qui nécessitent un travail spécifique : par exemple, identifier vos difficultés à gérer les conflits interpersonnels et envisager de suivre une formation en gestion de conflits ;
- analyser votre trajectoire personnelle, en essayant de comprendre les raisons de vos échecs et de vos succès : vous remarquez que vos échecs professionnels sont souvent liés à un manque de préparation, tandis que vos succès sont associés à une collaboration efficace ;
- cerner la représentation que vous avez des autres, en améliorant vos techniques de communication et votre dynamique relationnelle : par exemple, solliciter des retours de collègues sur votre manière de communiquer et intégrer leurs suggestions, comme reformuler vos phrases pour être plus clair ;
- capitaliser vos acquis, en mettant en œuvre une démarche continue d'analyse personnelle : par exemple, maintenir un journal professionnel où vous notez régulièrement vos apprentissages et les succès de projets.

2. Vous concentrer sur votre objectif, en vous focalisant sur vos motivations propres et vos aspirations essentielles. Par exemple :
   - vous rêvez de devenir responsable d'équipe ; définissez cet objectif de manière précise : « Dans trois ans, je souhaite obtenir un poste de chef de projet dans mon entreprise » ;
   - identifiez vos motivations profondes, telles que votre besoin d'accomplissement personnel et de reconnaissance ;

– établissez un plan clair : « Je vais suivre une formation en leadership dans les six prochains mois et postuler à des projets internes qui me permettront de gagner en expérience. »

3. Prendre du recul vis-à-vis des contingences extérieures, en vous recentrant sur vous-même : l'objectif est de vous orienter vers une « conscience de vous-même » plutôt que vers une « image de vous-même ». Par exemple :
   – pratiquez une activité de recentrage, comme la méditation ou le yoga, pour éviter de vous laisser influencer par les attentes sociales ;
   – au lieu de chercher à impressionner les autres avec des titres ou des statuts, concentrez-vous sur vos valeurs personnelles, comme privilégier une carrière qui correspond à vos passions, même si elle est moins prestigieuse aux yeux des autres ;
   – réalisez une introspection : écrivez chaque jour dans un carnet trois qualités que vous admirez en vous-même.
4. Évaluer la faisabilité de la démarche, en insistant sur le rapport bénéfices/risques. Par exemple :
   – vous envisagez de lancer votre propre entreprise : évaluez les risques financiers (coût initial, incertitude des revenus) et comparez-les aux bénéfices potentiels (autonomie, épanouissement) ;
   – utilisez une matrice SWOT (forces, faiblesses, opportunités, menaces) pour analyser vos chances de succès ;
   – décidez d'effectuer une étape intermédiaire, comme travailler sur un projet indépendant en parallèle de votre emploi actuel, pour limiter les risques.

MATRICE SWOT

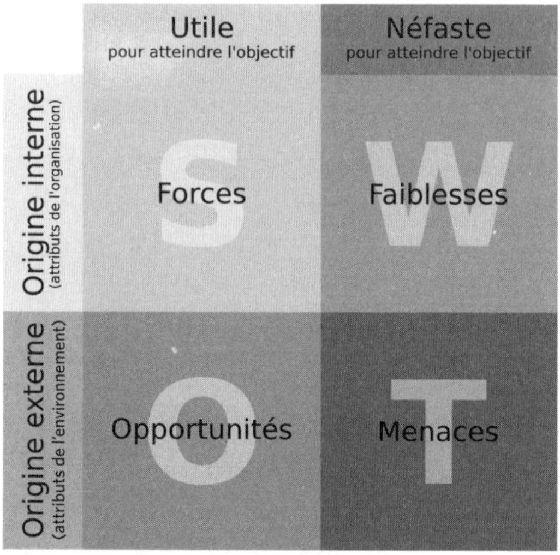

Figure 3

Matrice SWOT : © Xhienne, WikimediaCommons, 2007.

5. Envisager la solution la plus adaptée, puis mettre en œuvre une stratégie en planifiant les étapes à franchir. Par exemple :
   – votre objectif est d'améliorer vos compétences en gestion de projet. Planifiez les étapes suivantes :
     1. court terme : lire un livre de référence sur la gestion de projet ce mois-ci ;
     2. moyen terme : suivre une certification en gestion de projet dans les six prochains mois ;
     3. long terme : appliquer ces compétences dans un projet réel et demander un retour d'expérience de votre équipe.
        – créez un tableau de suivi avec des échéances précises et cochez les étapes accomplies ;
        – ajustez votre stratégie en fonction des résultats obtenus ;

– en fonction de telle ou telle situation, le parcours proposé ici devra bien entendu être adapté.

Voici quelques conseils pratiques qui, je l'espère, pourront vous aider dans votre recherche d'amélioration et de perfectionnement.

Repérer le stress

La juste dose

Avant toute chose, il est important d'aborder quelques notions de base sur le stress : mieux on connaît son adversaire et plus on le combat efficacement. L'objectif est de bénéficier d'une dose optimale de stress, de se situer dans la « zone d'excellence » (Palazzolo et Pinna, 2007).

Schéma des zones de stress

Un peu de stress, ça va... Beaucoup de stress, bonjour les dégâts !

Stress trop important (mauvais stress) = zone de panique
Plus de maîtrise de la situation.
Dépassement du niveau de compétence.

Stress positif = zone d'excellence
Dose de stimulation nécessaire à l'accomplissement des tâches quotidiennes.
Dépend des ressources personnelles.

Stress trop peu important = zone d'inertie
Pas de motivation, apathie, ennui, passivité.

Identifier les causes du stress

Avez-vous affaire à des stresseurs aigus et/ou chroniques ? Un stresseur est une situation à laquelle un sujet est confronté, et qui nécessite une adaptation de l'organisme pour y faire face. Considérer que le stress que vous ressentez est uniquement lié aux facteurs extérieurs ne vous laisse aucune autre solution que de le subir ou d'éviter la ou les situations(s) problématique(s). Que vous subissiez trop ou que vous évitiez trop, la « facture » du stress augmente.

Stresseurs chroniques	Situations répétitives ou chroniques : surcharge de travail, mauvaise ambiance professionnelle, rythme de vie accéléré.
Stresseurs aigus	Événements dangereux ou vécus comme incontrôlables : agression, conflit, accident, voire événement qui semble anodin (critique, honte, etc.).

Extérioriser le stress

Parlez des problèmes au moment où ils surviennent. Ne les accumulez pas en vous. Restez à l'écoute des signaux que vous envoie votre corps.

Quand le corps envoie des signaux d'alarme

- Nervosité interne, pouls élevé, respiration rapide, tension musculaire.
- Problèmes digestifs, crampes, diarrhée.
- Apathie, abattement.
- Troubles du sommeil.

- Problèmes de concentration.
- Isolement social.
- Réflexe de fuite.
- Sautes d'humeur.

Travailler son mindset face au stress

Le cœur ou la raison

Repérez votre **manière habituelle de réagir** : plutôt émotionnelle (problématique), ou plutôt rationnelle (à privilégier) ?

1. *Face au stress, vous mettez en œuvre une stratégie centrée sur les émotions si :*

- vous vous énervez, vous pestez ;
- vous respirez, vous pensez à quelque chose d'agréable ;
- vous cherchez à prendre du recul ;
- vous ne vous inquiétez pas outre mesure et vous attendez que ça passe ;
- vous relativisez et cherchez à mettre en évidence les aspects positifs de la situation.

2. *Face au stress, vous mettez en œuvre* ***une stratégie centrée sur le problème*** *si :*

- vous établissez un plan d'action et vous le mettez en œuvre ;
- vous analysez la situation point par point ;
- vous cherchez à établir des solutions, vous identifiez vos besoins ;
- vous identifiez l'objectif à atteindre ;
- vous demandez de l'aide auprès de personnes compétentes.

Cesser de ruminer

Essayez de remplacer les pensées négatives et obsessionnelles (les ruminations) par des **pensées positives**. Pensez à votre travail, mais également à votre vie personnelle. Pensez aux autres, mais également à vous-même. Essayez de dédramatiser les situations dans lesquelles vous vous trouvez. Le perfectionnisme, c'est bien, mais tout le monde a ses limites. Ne laissez pas votre performance dépendre d'une petite erreur que vous avez commise.

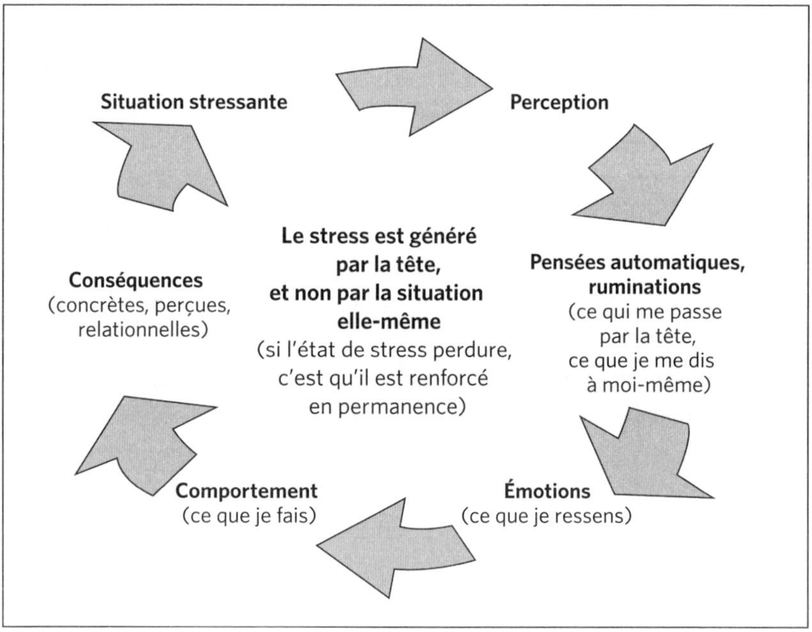

Figure 4

Hiérarchiser pour reprendre la main

Hiérarchisez ce que vous avez à faire, évaluez vos priorités. Deux principaux critères doivent être pris en compte : l'urgence et l'importance de votre tâche. Voici quelques outils visuels pour vous aider à trier vos tâches et à les prioriser.

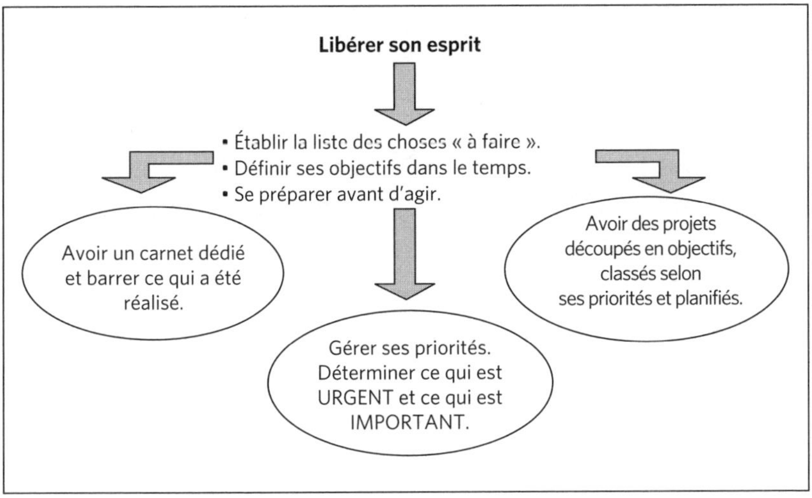

Figure 5

	Importance faible	Importance élevée
Urgence faible	Ne pas le faire soi-même	Le faire plus tard
Urgence élevée	Demandez à quelqu'un d'autre de le faire maintenant	Le faire soi-même et maintenant

	Importance faible	Importance élevée
Urgence faible	Activités chronophages Échappatoires Distractions	Relationnel Formation Innovation Amélioration Vie privée
Urgence élevée	Activités chronophages Obligations Activités sociales Certaines réunions	Crises Brèves échéances Corrections à effectuer

Cibler les efforts utiles

Pensez à la règle des 80/20 (c'est ce que l'on appelle la loi de Pareto) : 20 % de vos activités de la journée sont à l'origine de 80 % de vos résultats, et 80 % de votre travail sont passés à obtenir seulement 20 % de résultats. Essayez donc de voir à quoi correspondent vos 20 % de résultats, et où se situent les 80 % du temps que vous y consacrez : il sera alors plus facile de supprimer les efforts inutiles.

Savoir dire non

Apprenez à dire non, même si cela vous coûte. Beaucoup de peurs se cachent derrière cette difficulté à dire non : peur de manquer de respect à son interlocuteur, peur du conflit, de l'affrontement, d'un jugement négatif, peur de décevoir... Et l'autre facette c'est un besoin de séduction, une envie de plaire à tout le monde... Alors qu'au contraire, nous avons beaucoup à gagner à apprendre à dire non, tant pour notre estime de soi que pour alléger notre charge mentale.

Pourquoi a-t-on du mal à dire non ?

- Peur de manquer de respect à son interlocuteur.
- Peur du conflit, de l'affrontement, d'un jugement négatif.
- Peur de décevoir.
- Besoin de séduction, envie de plaire à tout le monde.

Ne pas dire non

Inhibition ← → Agressivité

STRESS

Oser dire non

Affirmation de soi ← → Révélation sur soi

RESPECT DE SOI ET DE L'AUTRE

Figure 6

Savoir dire non

Reconnaître aux autres le droit de formuler la demande

Choisir de répondre par l'affirmative ou la négative

↓

1. Montrer que l'on a compris la demande (reformuler : « Si je comprends ce que vous me demandez... »).
2. Expliquer que l'on voudrait pouvoir répondre favorablement (« Je voudrais bien pouvoir vous satisfaire, mais... »).
3. Faire référence à une autorité ou à une loi (règlement, planning, supérieur hiérarchique...).
4. Répondre par la négative (« Je ne peux donc pas faire... »).

Figure 7

La relaxation, remède antistress

Apprenez à vous détendre, à vous relaxer. Différentes techniques peuvent vous y aider.

Le training autogène

Le sujet est installé soit en position allongée (le plus souvent), soit en position assise sur un fauteuil ou une chaise. Il va se concentrer à la fois sur des instructions verbales (par exemple : « Votre bras droit est lourd, votre jambe gauche est chaude, votre cœur bat lentement et calmement »), des représentations mentales (par exemple : imaginer son bras droit comme étant en plomb, ou sa jambe gauche exposée aux rayons du soleil), et les sensations corporelles qui en découlent (par exemple : la lourdeur du bras droit, la chaleur de la jambe gauche), témoins des changements physiologiques.

L'état de relaxation induit par cette technique s'acquiert en quelques mois, à raison d'une à deux séances par semaine avec un coach, associées à une pratique quotidienne chez soi.

La relaxation musculaire progressive

Cette forme de relaxation est particulièrement indiquée pour les sujets ayant des difficultés à s'abandonner passivement à la technique précédente, et préférant une technique plus active. Les exercices consistent à faire alterner la contraction et la détente de groupes musculaires : le sujet contracte fortement un groupe de muscles et se concentre sur les sensations physiques de tension ; il relâche ensuite et détend progressivement les muscles et se concentre de la même façon sur la sensation de détente musculaire.

Successivement, différents groupes musculaires sont abordés, en général dans l'ordre suivant : poings, bras, avant-bras, épaules, cou, mâchoires, yeux, front, dos, thorax, abdomen, fesses, jambes, mollets.

L'ensemble des exercices, pour chaque groupe musculaire, dure environ quinze minutes. Au début, en période d'apprentissage, il est nécessaire de pratiquer une à deux fois par jour la totalité de ces exercices, en faisant alterner contraction et détente. Progressivement, le sujet apprend à obtenir une détente des muscles en ayant de moins en moins recours à la phase initiale de contraction.

EN PRATIQUE

Définir son plan d'action antistress

- Se fixer un ou plusieurs objectifs (mais en nombre limité).
- Identifier la marche à suivre.
- Se donner les moyens.
- Se connecter à son envie d'y arriver et passer à l'action.

Établir une fiche action

Points que je retiens :

Sur quoi je vais m'améliorer :

Par quoi je commence :

En quoi cette démarche va-t-elle me permettre d'atteindre mes objectifs :

Une fois mon but atteint, quels seront mes nouveaux objectifs :

CHAPITRE 4

Entrer en interaction sereinement

Apprendre à communiquer avec calme

Votre posture est un message

Travailler votre posture va aider à créer les conditions favorables pour un échange plus serein et surtout constructif. Ayez une écoute attentive lorsque votre interlocuteur s'adresse à vous. Soyez réceptif à ses doléances. Renforcez cette écoute par une attitude active : le simple fait de hocher la tête montre à votre interlocuteur que vous comprenez ce qu'il vous raconte, que vous vous intéressez à ce qu'il vous explique. Soyez aimable et sincère si vous attendez qu'on le soit avec vous en retour. Soyez empathique : n'hésitez pas à dire à votre interlocuteur mécontent que vous comprenez très bien les raisons de son mécontentement.

Évitez les phrases dévalorisantes de manière implicite. Elles ne sont pas toujours évidentes à repérer, mais pourtant primordiales à ne pas dire :

Éviter les sous-entendus… dévalorisants

- Vous êtes bien sûr que c'est monsieur C. qui s'occupe de vous ?
- Vous avez vraiment rendez-vous avec monsieur P. ?
- Vous n'avez pas compris grand-chose à la procédure. Il va falloir que vous…
- J'ai une dame à l'accueil. Qu'est-ce que j'en fais ? Je vous l'envoie ?
- Vous n'avez pas encore déposé votre dossier ?
- Vous pouvez toujours faire appel pour une éventuelle révision de votre dossier, mais…
- Vous me dites que vous nous auriez envoyé votre candidature ?
- Vous avez votre baccalauréat, au moins ?
- Vous pouvez quand même monter, monsieur, notre conseiller va exceptionnellement vous recevoir.

Surprenez votre interlocuteur mécontent et agressif : lorsqu'on entre en conflit avec quelqu'un, on s'attend à ce que la personne réponde par de l'agressivité ; on se fait « tout un scénario » à l'avance (« Je vais lui dire ceci, il va me répondre cela, alors moi je vais lui faire tel reproche, etc. »). Si vous gardez votre calme, que vous répondez gentiment avec le sourire, votre interlocuteur sera désarçonné et son agressivité va se retrouver automatiquement désamorcée.

Utilisez la « révélation sur soi » : il ne s'agit pas ici de donner vos mensurations et votre numéro de téléphone portable à votre interlocuteur, mais simplement de lui signifier qu'à sa place, vous réagiriez de la même manière. L'objectif est ici de « personnaliser » la relation.

N'hésitez pas à présenter des excuses si vous êtes en tort : dans bon nombre de cas, vos excuses sont la seule chose que l'interlocuteur mécontent est venu chercher. Vous pouvez vous excuser en votre nom propre pour une erreur que vous avez commise, voire au nom de l'entreprise pour laquelle vous travaillez (ainsi, la phrase : « Ce n'est pas moi qui ai traité votre dossier, ce n'est donc pas moi qui me suis trompé » est à proscrire). Dans l'idéal, il vaut mieux reconnaître vos erreurs avant même qu'on ne vous le fasse remarquer.

Montrez que vous savez recevoir une critique. Voici une infographie qui présente les différents scénarios selon les cas : critique justifiée ou non, critique trop vague ou générale…

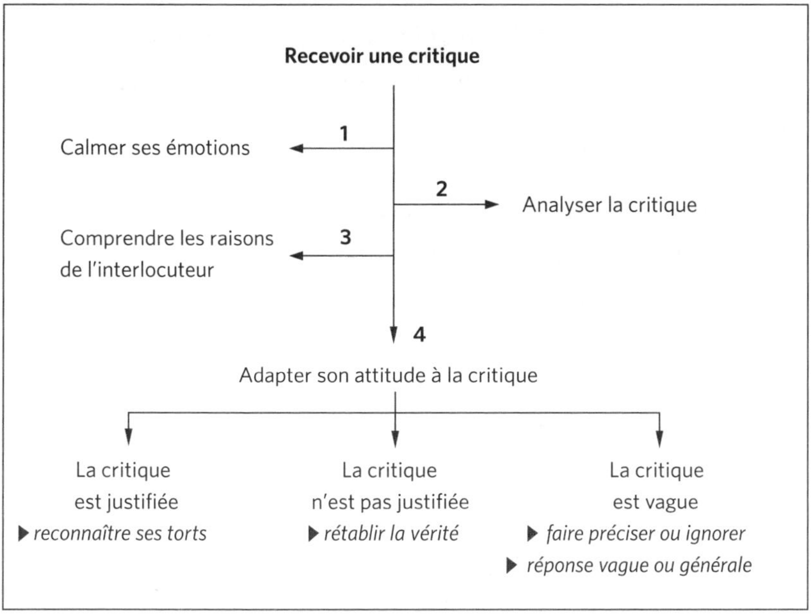

Figure 8

Les règles d'or du bouclier de communication

- Ne pas se justifier : il s'agit là d'une position défensive, qui laisse à penser que vous avez quelque chose à vous reprocher.
- Ne pas dériver : vous risquez de perdre l'attention de votre interlocuteur.
- Ne pas se perdre dans de longues explications : la parcimonie est ici une qualité non négligeable, les détails détournent de l'essentiel de vos énoncés.

Aborder les problèmes en visant les solutions

Montrez à votre interlocuteur que son problème vous concerne. Évitez les phrases du style « Voilà, votre souci est réglé, alors maintenant calmez-vous ! », ou encore « Vous savez, vous n'êtes ni le premier ni le dernier à qui ça arrive, alors ça ne sert à rien de vous énerver ». Le mépris et l'indifférence sont deux très bons détonateurs dans le cadre d'une relation conflictuelle… Au contraire, positionnez-vous dans **l'aide à la solution** : focalisez-vous sur l'issue positive de la situation problématique plutôt que sur le problème lui-même. Si cela est dans vos cordes, expliquez éventuellement à votre interlocuteur, en des termes simples, que vous allez l'aider à se sortir de ce mauvais pas.

Axez la conversation sur ce qui est intéressant pour votre interlocuteur : s'il y a un risque de conflit, mieux vaut aborder le **comment faire** plutôt que le **pourquoi faire**. Considérez le conflit comme une chance : il s'agit là d'une occasion inespérée de s'expliquer et d'élaborer avec votre interlocuteur une solution. Rien n'est plus nocif qu'un désaccord larvé, non exprimé et stérile.

Faites confiance à votre interlocuteur, tout en sachant qu'il peut être de mauvaise foi. Si tel est le cas, posez-vous la question de savoir si l'affrontement direct en vaut la peine. Quelles seront les conséquences d'un conflit ouvert ?

N'en restez pas à la simple élaboration d'une solution. N'hésitez pas à faire un point, à distance du conflit, avec votre interlocuteur : est-ce que l'option choisie a porté ses fruits ?

On pourrait résumer le scénario de votre prise de parole en trois points :

1. Je vous écoute attentivement.

2. Je comprends votre problème.

3. Je vous propose que l'on puisse élaborer ensemble une solution.

Scénario de réponse en détail

1. Écouter.
2. Questionner.
3. Reformuler et/ou reconnaître à l'autre le droit de formuler la demande (« Je comprends bien que vous désirez telle chose... »).
4. Expliquer (preuves à l'appui) pourquoi la demande ne peut être acceptée.
5. Faire une réponse empathique qui porte sur le processus (« Je regrette que vous insistiez... », « J'aimerais vous satisfaire... »).
6. Suggérer une alternative ou une aide pour montrer votre bonne volonté, ou demander quelle solution votre interlocuteur propose.
7. Obtenir l'acceptation de la solution.
8. Maintenir sa position (technique du disque rayé : répéter à chaque fois la même chose, mais sur un ton à chaque fois différent, en essayant d'être à chaque fois de plus en plus aimable).

Apprendre à gérer ses émotions

Gérer la vague émotionnelle

Ne pas se laisser déborder par ses émotions, cela s'apprend. Petit à petit, en mettant en place des habitudes de pensée, vos nouveaux automatismes de gestion émotionnelle vous aideront à surfer sur la vague des émotions en gardant le contrôle, au lieu de vous laisser submerger. Le schéma qui suit propose différentes pistes à mettre en place pour tenir un cap au quotidien dans des situations émotionnelles intenses.

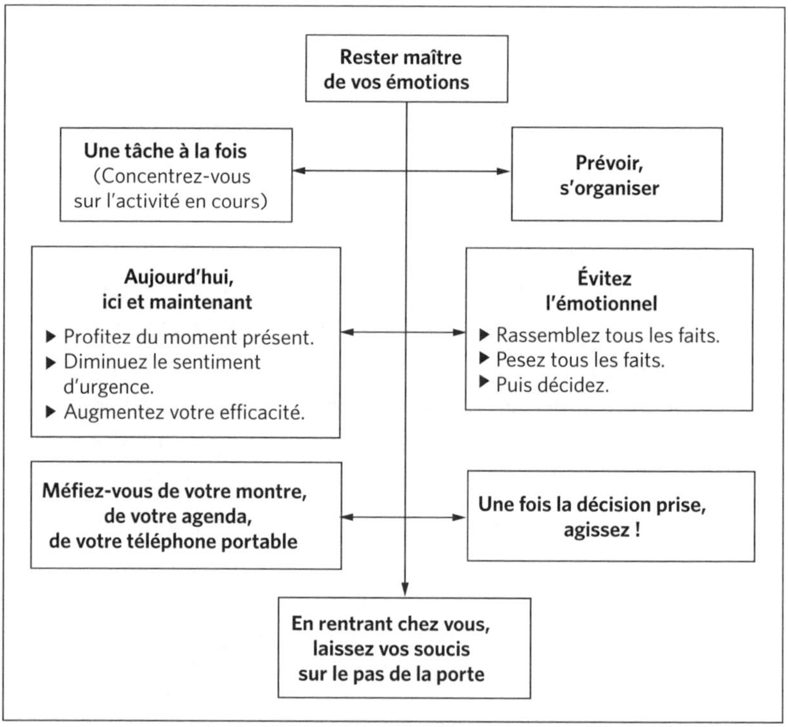

Figure 9

Faire la part des choses entre anxiété et agressivité

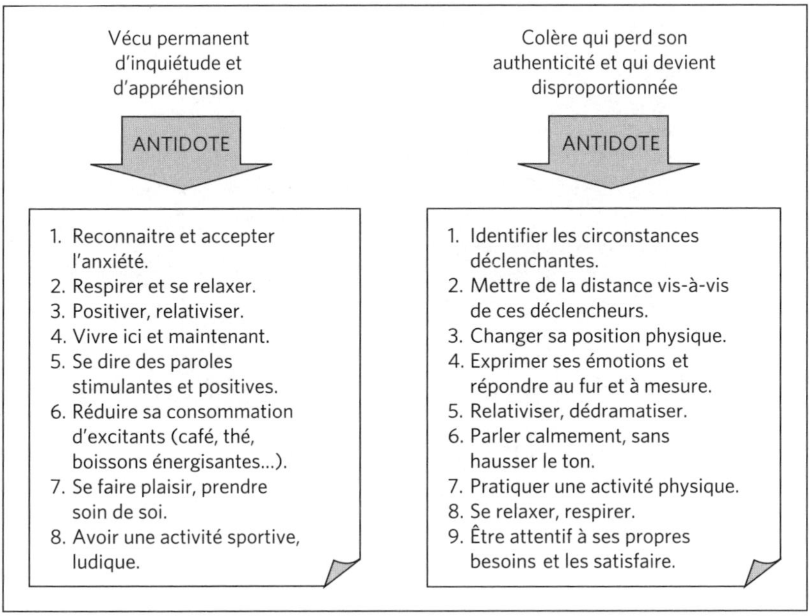

Figure 10

Oser écouter ses émotions

Faites le point sur les émotions que vous vous autorisez à exprimer, et sur les émotions que vous n'osez pas exprimer. Souvent, nous gardons pour nous la majeure partie de nos émotions, nos émotions les plus profondes, les plus intimes, sans même se les avouer à soi-même. Dans cette perspective, une image assez parlante est celle de l'iceberg des émotions.

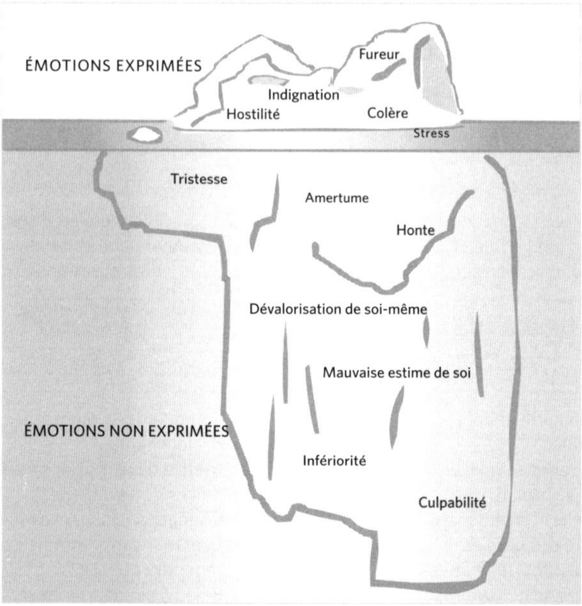

Figure 11. L'iceberg des émotions.

EN PRATIQUE
Exprimer et discerner ses émotions

Un peu d'introspection…

Reprenez vos émotions non exprimées, et identifiez pourquoi vous les gardez enfouies. Quelles sont vos craintes ? Quelles conséquences cela aurait-il pour vous si vous les exprimiez ? Quels bénéfices pourriez-vous retirer du fait de les exprimer ?

Émotions	Conséquences à les exprimer, pour vous et pour les autres	Bénéfices à les exprimer

Voici les émotions que je m'engage à exprimer plus souvent, et pourquoi :

Émotions	Bénéfices à les exprimer

EN PRATIQUE

Repérer et gérer la colère

Comprendre la colère

La colère est un **mécanisme de défense** qui peut dissimuler d'**autres émotions** ou s'exprimer à leur place, entraînant un engrenage qui peut aller jusqu'au passage à l'acte violent.

Comprendre le **cycle de la colère** :

1. Déclenchement : perception d'une **menace**.
2. **Préparation physiologique** : si le sentiment s'intensifie, le corps se prépare à l'action (***fight or flight***, attaquer ou fuir).
3. **Altération** du raisonnement et du jugement.
4. Seuil de la **crise** (violence verbale et/ou physique).

Apprendre à maîtriser sa colère

1. **Prévenir** la crise :
   - Quitter les lieux, cesser la discussion... C'est ce que l'on appelle « couper le son ».

2. **Analyser** l'événement déclencheur et votre propre perception de l'événement :
   - Évaluer de façon rationnelle et émotive les faits, ainsi que vos propres réactions.
   - Qu'est-ce qui vous menace, qu'est-ce qui vous choque dans ce qui vous arrive ?
   - Est-ce que vous n'êtes pas en train d'exagérer ?
   - Est-ce vraiment si important ? Pour qui ?

3. **Imaginer les conséquences** de vos actes :
   - Tout geste agressif et/ou violent se retourne immanquablement contre vous.

4. Utilisez les techniques de **relaxation** pour vous exprimer de manière plus adaptée :
   - Respiration lente, abdominale, profonde.

Apprendre à maîtriser la colère de son interlocuteur

1. **Gagner du temps** et attendre que votre interlocuteur retrouve ses esprits.

2. Adopter une attitude **coopérative**, utiliser des gestes d'ouverture.
   - Ayez un comportement favorable à l'écoute.
   - N'interrompez pas votre interlocuteur.
   - Ne donnez pas de conseils non sollicités.
   - Gardez un ton de voix calme et posé.

3. Introduire une **dimension personnelle** dans la discussion si vous connaissez bien la personne.
   - Rappelez-lui que la dernière crise n'a servi à rien.
   - Parlez-lui de ses enfants, de ses loisirs...

4. Utiliser **l'humour**, avec précaution cependant (attention à ce que votre attitude ne soit pas interprétée à tort comme moqueuse).

5. **Accepter la colère de votre interlocuteur** avec empathie (« Vous avez raison d'être en colère, je comprends très bien... »).

6. En dernier lieu, **éloignez-vous** physiquement, jusqu'à ce que le calme revienne.

EN PRATIQUE

Repérer et maîtriser l'agressivité

Observer les formes d'agressivité

LES SIGNAUX DE L'AGRESSIVITÉ		
Physiques	**Psychologiques**	**Comportementaux**
Cœur qui bat plus vite, plus fort, et pouls qui s'accélère.	Perte d'objectivité. Interprétation du comportement de l'interlocuteur. Jugements négatifs.	Taper du poing sur la table. Casser un objet. Avoir des gestes violents.
Respiration qui s'accélère.	Sentiment d'être blessé dans son orgueil.	Avoir une posture rigide.
Pupilles dilatées.	Sentiment de rébellion. Désir de vengeance.	Agitation, hyperactivité.
Tension musculaire.	Psychorigidité. Manichéisme (« Tout ou rien »).	Erreurs d'évaluation, brusquerie.
Rougeurs, voire bouffées de chaleur.	Position de persécuteur.	Ton de voix puissant, agressif.
Tremblements au niveau des mains.	Sentiment d'être pris pour un imbécile, voire de ne pas être pris en considération.	Regard menaçant.
Augmentation de la tension artérielle.	Avoir le sentiment imminent « d'exploser ».	Insultes, critiques, voire menaces verbales.
Risques cardio-vasculaires en cas de vulnérabilité.	Considérer l'autre comme un adversaire.	À l'extrême, agression physique.

Apprendre à contrôler son agressivité

1. Identifiez une **situation** qui déclenche chez vous de l'agressivité.
2. Notez vos **réactions** physiques, psychologiques, comportementales.
3. Trouvez des **antidotes** : quand et comment répondre, comment relativiser, quelles pensées alternatives proposer ?

Déclencheur et circonstances	
Réactions physiques	
Réactions psychologiques	
Réactions comportementales	
Quand et comment répondre ?	
Pensées alternatives (relativiser, dédramatiser)	

EN PRATIQUE

Repérer et maîtriser l'anxiété

Observer les formes de l'anxiété

LES SIGNAUX DE L'ANXIÉTÉ		
Physiques	**Psychologiques**	**Comportementaux**
Tension musculaire (dos, épaules, mâchoires).	Hypervigilance (vous êtes « Aware », comme dirait Jean-Claude Van Damme).	Évitement des situations stressantes, pouvant aller jusqu'à des manifestations phobiques avec de véritables attaques de panique.
Tension générale tout au long de la journée, troubles du sommeil.	Anticipation négative de l'avenir, permanente et irrationnelle.	Fuite lors d'une mise en situation anxiogène.
Boule dans la gorge, nœud au niveau de l'estomac, troubles intestinaux (diarrhée, constipation).	Impossibilité de profiter de l'instant présent.	Agitation, hyperactivité.
Transpiration abondante.	Difficultés de concentration.	Erreurs d'évaluation.
Variations de la tension artérielle.	Confusion.	Comportements de réassurance, pouvant paraître obsessionnels.
Tremblements au niveau des mains.	Accélération de la pensée, qui n'est plus structurée.	Prise de décision difficile, car impression d'être dans une impasse.
Vertiges éventuels.	Irritabilité.	Perfectionnisme concernant des détails sans importance.
Diminution de la libido.	Perte d'objectivité.	Difficulté de délégation.
Respiration accélérée.	Peur constante « de ne pas y arriver ».	Mauvaise gestion du temps.

Apprendre à contrôler son anxiété

1. Identifiez une **situation** qui déclenche chez vous de l'anxiété.
2. Notez vos **réactions** physiques, psychologiques, comportementales.
3. Trouvez des **antidotes** : quels peuvent être les aspects positifs de la situation, les idées alternatives, les activités que vous pouvez effectuer pour vous occuper et vous changer les idées ?

Déclencheur et circonstances	
Réactions physiques	
Réactions psychologiques	
Réactions comportementales	
Quand et comment répondre ?	
Pensées alternatives (relativiser, dédramatiser)	

Aborder la rencontre

Miser sur la première impression

Face à un interlocuteur lors d'un entretien important, deux situations peuvent se produire :

– si son impression est bonne, il filtrera tout ce que vous direz pour renforcer son opinion positive ;
– si son impression est mauvaise, à l'inverse, il filtrera les informations que vous lui donnerez pour valider son point de vue négatif.

En sachant que, dans la grande majorité des cas, la plupart des personnes qui se retrouvent dans ce genre de situation

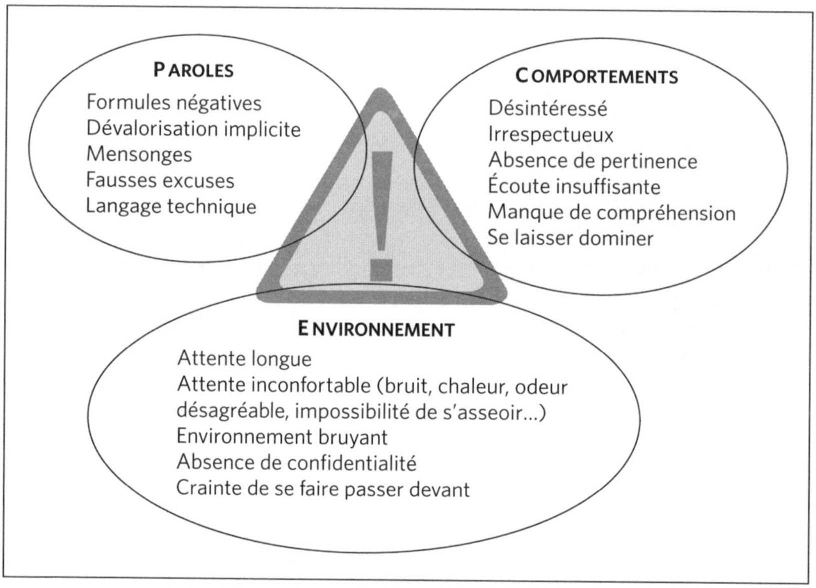

Figure 12

sont obnubilées par ce qu'elles vont dire, et oublient de penser aux effets qu'elles produisent, au message qu'elles font passer... Et pourtant, il suffit de quelques minutes à votre interlocuteur pour se faire une opinion sur vous. Votre premier objectif sera donc, lors d'un entretien important, d'anticiper et d'éviter les erreurs à ne pas commettre.

Il est important de vous mettre à la place de votre interlocuteur : apprécieriez-vous telle ou telle remarque, telle ou telle attitude ? Gardez bien en tête que, dans toute communication, il faut prendre en compte le contenu du discours, mais également la qualité de la relation qui s'instaure entre l'émetteur et le récepteur. À ce propos, soyez persuadé d'une chose : la qualité de la relation l'emporte toujours sur le contenu du discours. Si seul le contenu avait de l'importance, il suffirait d'adresser des mails à tous vos interlocuteurs, sans jamais les rencontrer. Ainsi, il est important que, lors d'un entretien important, vous puissiez soigner votre présentation : ayez une attitude agréable, souriez. Cela dit, évitez absolument l'excès : ne soyez pas exubérant, envahissant, respectez l'espace social de votre interlocuteur. Centrez-vous sur les attentes de votre interlocuteur plutôt que sur les vôtres. Pensez aux effets produits par votre tenue vestimentaire, par votre discours, par votre attitude, par votre gestuelle, etc.

Il est important de mettre en place des outils pour conforter votre confiance en vous :
- faites régulièrement un bilan positif : soyez conscient de ce qui a bien marché, soulignez les bons côtés de vos actions ;
- ayez en tête les personnes que vous avez aidées, soulagées, rendues heureuses ;
- prenez conscience de l'importance de votre rôle ;

– relativisez les conséquences de certains événements difficiles ;
– renforcez positivement les autres : surprenez-les en train de « bien faire », ne les critiquez pas, faites-leur des compliments mérités ;
– pensez à ce qui a réussi plutôt qu'à ce qui a échoué.

Sachez conclure un entretien difficile :
– une bonne poignée de main : c'est rendre sa considération à votre interlocuteur ;
– sourire : c'est passer sur les écarts d'humeur de votre interlocuteur ;
– utiliser des mots d'encouragement (« J'espère que tout se passera bien pour la suite », « Bon courage ! »...) : c'est le valoriser et le renvoyer à sa capacité à gérer la situation ;
– choisir des termes positifs pour mettre en valeur l'avancée réalisée (« Nous avons réussi à nous comprendre, le dossier est à présent correctement rempli ») : c'est lui faire comprendre que l'incident est clos, qu'il appartient désormais au passé.

Après l'échange

Un entretien important ou compliqué, c'est souvent un tsunami d'émotions à digérer. Fixez-vous ensuite l'objectif de récupérer, avec les stratégies qui vous conviennent.

• Stratégies d'expression :
  – faites une pause : café, lecture, coup de fil, etc. ;
  – pensez à vous et n'hésitez pas à vous épancher auprès d'un collègue ou d'un ami qui saura vous écouter et vous remonter le moral ;

- extériorisez vos émotions en pratiquant une activité créative (peinture, musique…) ;
- privilégiez les contacts affectifs et amicaux.

• Stratégies d'impression :
  - sur le plan sensoriel : prendre un bain, écouter de la musique, faire du shopping, etc. ;
  - sur le plan tonique : faire du sport ;
  - sur le plan psychique : relativiser, minimiser, se raisonner, dédramatiser, prendre du recul, considérer la situation différemment…

Et pour conclure, il faut toujours prendre le temps de se poser la question suivante : « Une prochaine fois, comment pourrai-je mieux gérer la situation ? », et pourquoi pas, par écrit, en tirer des pistes d'amélioration pour l'avenir.

CHAPITRE 5

Se préparer à l'affrontement

Avant d'enfiler votre kimono de combat verbal, vous devez vous débarrasser de votre armure d'ego. La première étape de cette transition correspond à l'analyse de vos forces et de vos faiblesses. Vous êtes à présent conscient de la manière dont les autres vous voient et vous considèrent. Il est maintenant temps de vous observer de manière objective, même si cela peut sembler inconfortable au début (surtout si vous ne l'avez jamais fait auparavant...).

Sachez qu'après avoir analysé votre langage corporel, vos expressions faciales, votre façon de parler, la teneur de votre discours et votre niveau de stress global, le fait de rencontrer des difficultés à changer est la preuve que vous êtes sur la bonne voie. Cela prouve que vous commencez à prendre des décisions sur un plan cognitif et non plus purement émotionnel.

Lève-toi et marche !

Il a maintes fois été prouvé que, si vous vous comportez comme une victime (démarche craintive, regard fuyant, voix hésitante…), vous avez beaucoup plus de risques d'être agressé. L'objectif est d'adopter une attitude qui signale aux autres qu'il vaut mieux vous laisser tranquille sous peine de représailles… Avoir une posture et une démarche reflétant une certaine confiance en soi est un prérequis extrêmement important pour une victoire sur le champ de bataille verbal.

« Tiens-toi droit ! », « Redresse tes épaules ! », « Garde la tête haute ! »… Ces remarques vous sont familières ? La plupart de nos parents nous ont répété ces mantras un nombre incalculable de fois. Parce que votre attitude est la première chose que les gens remarquent, c'est l'un des éléments clés qui déterminent la manière dont on va vous considérer. Si vous ne vous tenez pas droit, donnant alors l'impression d'être accablé, voire abattu, il est fort probable que l'on ne vous respecte pas autant que vous le souhaiteriez. Vous doutez de cela ? Prenons un exemple parlant : aurez-vous *a priori* plus de facilité à invectiver Dwayne Johnson (*The Rock*) ou Paul Mirabel ?…

Diverses études psychosociales confirment ce point ; ainsi, Nordström *et al.* (2014) ont montré à une centaine de sujets des photos de personnes avec la tête penchée, les épaules tombantes et le ventre relâché, ainsi que d'autres clichés représentant des individus avec la tête haute, les épaules carrées et le ventre plat. Les individus figurant sur la première série d'images ont été perçus comme étant moins populaires, plus ennuyeux, moins intelligents, moins ambitieux et moins attrayants physiquement que leurs homologues à la posture honorable.

Évaluer sa posture

Face au miroir

Regardez-vous dans un miroir ou sur un enregistrement vidéo. Répondez à présent par « oui » ou par « non » aux questions suivantes.

1. Votre posture est-elle trop rigide et tendue ?
2. Votre posture est-elle trop détendue, voire négligée ?
3. Votre dos est-il courbé ?
4. Vous balancez-vous d'avant en arrière, êtes-vous incapable de rester immobile ?
5. Vous tenez-vous sur une jambe au lieu de deux ?

Pour les deux questions suivantes, pensez à des situations sociales et/ou professionnelles.

6. Les gens s'éloignent-ils de vous lorsque vous leur parlez parce que vous vous tenez trop près d'eux ?
7. Les gens se rapprochent-ils de vous parce que vous vous tenez à l'écart ?

Analyser sa posture

- Une personne ayant une posture trop rigide et tendue est perçue comme étant psychorigide, inflexible, froide et distante – dans tous les cas, ni chaleureuse ni sympathique. Elle aura tendance à se mettre les autres à dos, qui la trouvent alors inaccessible et peu encline à la communication.
- S'il est bon d'adopter une position détendue et engageante qui indique la confiance en soi, une posture trop détendue est perçue comme étant un signe de négligence et de mésestime de soi. Un certain malaise peut en résulter. Se tenir courbé est

généralement un signe d'abattement, voire de tristesse due à de nombreux soucis.

• Se balancer d'avant en arrière, ne pas être capable de se tenir immobile est perçu comme un signe d'impatience ou comme une envie de partir. Cela met les autres mal à l'aise parce que vos mouvements constants les empêchent de se concentrer. Ainsi, il peut devenir difficile de dialoguer avec vous : votre interlocuteur aura tendance à perdre le fil de son discours car il pensera que vous vous ennuyez ou que vous avez une envie pressante...

• À moins que vous ne soyez un flamant rose ou qu'il vous manque un membre inférieur, vous tenir sur une seule jambe est perturbant pour votre interlocuteur. Au mieux il va penser que vous vous êtes blessé, au pire il va vous considérer comme quelqu'un d'immature (car les enfants se tiennent généralement dans cette position lorsqu'ils sont mal à l'aise), ou encore il va vous percevoir comme n'étant pas à l'écoute de ses propos car bien trop désinvolte. Le fait d'être perçu ainsi ne suscite pas vraiment la confiance...

• Se tenir trop près de votre interlocuteur, surtout s'il n'y a pas de lien d'intimité, le met mal à l'aise pour un certain nombre de raisons. Tout d'abord, il peut être indisposé par votre haleine ou votre odeur corporelle (surtout si vous avez mangé un bon aïoli juste avant et/ou s'il fait chaud). Ensuite, il peut se sentir oppressé car vous envahissez son espace ; n'oubliez pas que, dans certaines cultures, une distance minimale est à respecter entre les gens sous peine de paraître grossier. À l'inverse, se tenir à l'écart donne aux autres l'impression que vous ne les appréciez pas, et/ou vous fait passer pour quelqu'un d'arrogant ou de snob qui a tendance à mépriser son entourage.

La marche de l'empereur

Enregistrez-vous sur vidéo en train de marcher, et répondez ensuite aux questions suivantes.

1. Est-ce que vous vous déhanchez lorsque vous marchez ?
2. Avez-vous une démarche rigide, un peu comme un soldat ?
3. Faites-vous beaucoup de bruit lorsque vous marchez ?
4. Vous arrive-t-il souvent de trébucher lorsque vous marchez ?
5. Avez-vous une démarche sereine ?
6. Avez-vous tendance à marcher trop lentement ?
7. Avez-vous tendance à marcher trop vite ?

Analyser sa démarche

- Se déhancher en marchant a une connotation de séduction. Cette démarche plutôt féminine peut être rebutante pour votre interlocuteur si celui-ci n'est pas spécialement attiré par vous.
- Une démarche rigide, semblable à un soldat, traduit généralement une disposition tendue, psychorigide et irritable.
- Les gens qui font beaucoup de bruit lorsqu'ils marchent donnent souvent l'impression de chercher à attirer l'attention.
- Les maladroits qui ont tendance à trébucher sont perçus comme timides et peu sûrs d'eux.
- Ceux qui marchent trop lentement ont tendance à donner une impression de nonchalance, d'apathie, voire de fainéantise.
- Ceux qui marchent trop vite ont tendance à donner une impression d'irritabilité, voire d'anxiété (vous savez, l'angoissé qui est toujours pressé…). Par ailleurs, une allure rapide peut sembler désagréable à un interlocuteur qui marche à côté de vous et qui accélère pour vous parler. Sans compter que s'il s'agit d'une relation affective, cela peut vous faire passer pour un goujat.

Parlo con le mani

Répondez aux questions suivantes concernant les mouvements de vos bras et de vos mains.

1. Avez-vous les bras croisés lorsque vous parlez ?
2. Vos mains et vos bras s'agitent-ils lorsque vous parlez ?
3. Vous demandez-vous généralement quoi faire de vos mains ?
4. Vos mains restent-elles immobiles lorsque vous parlez ?
5. Utilisez-vous beaucoup vos mains lorsque vous parlez ?
6. Avez-vous toujours l'impression d'agiter vos mains ?
7. Vous sentez-vous obligé de toucher à tout ou d'avoir constamment un contact physique avec votre interlocuteur ?

Analyser sa gestuelle des mains

- Le fait de croiser les bras a une connotation assez négative : cela peut être perçu comme de la colère, de l'ennui et/ou du désintérêt pour ce que votre interlocuteur est en train de vous raconter.
- De grands gestes – à moins qu'ils n'appartiennent à une culture où c'est la norme – sont rattachés à un sentiment de colère et/ou d'hostilité.
- Un individu qui ne sait pas trop quoi faire de ses mains est généralement perçu comme étant timide, peu sûr de lui et hésitant.
- À l'inverse, si vos mains sont constamment en mouvement lorsque vous vous exprimez, il y a de fortes chances que votre interlocuteur vous considère comme étant nerveux ou anxieux.
- Une personne qui touche tout ce qu'elle voit ou qui a un contact physique constant peut être tenue pour impolie, désinhibée, voire agressive.

La tête sur les épaules

Examinez votre attitude et répondez aux questions suivantes.

1. Tendez-vous le cou et la mâchoire vers l'avant lorsque vous parlez ?
2. Votre tête est-elle généralement inclinée vers le bas lorsque vous parlez ?
3. Penchez-vous la tête vers la droite ou vers la gauche lorsque vous parlez ?
4. Tournez-vous la tête lorsque vous vous adressez à quelqu'un qui n'est pas en face de vous, tout en gardant votre corps dans la même position ?
5. Hochez-vous constamment la tête (« oui » ou « non ») lorsque vous parlez ?

Analyser ses mouvements de tête

- Lorsque vous tendez votre cou et votre mâchoire vers l'avant en parlant ou en écoutant votre interlocuteur, vous dégagez un sentiment de colère.
- Une tête penchée vers le bas est synonyme d'insécurité, de manque de confiance et de timidité.
- Pencher la tête sur le côté donne l'impression de douter de la véracité des propos de votre interlocuteur.
- Tourner la tête et non le corps lorsque vous vous adressez à une personne indique que vous gardez inconsciemment vos distances vis-à-vis d'elle. Vous risquez alors d'être perçu comme ne l'aimant pas ou ne l'acceptant pas.
- Hocher constamment la tête en mimant un « non », hormis si vous souffrez d'une affection neurologique de type maladie de

Parkinson, signifie que vous êtes très méfiant et dans le doute face aux propos de votre interlocuteur. Votre attitude est alors perçue comme négative et désapprobatrice.

- Par ailleurs, si vous hochez constamment la tête en mimant un « oui », vous donnez l'image de quelqu'un de trop aimable, un peu comme si vous cherchiez l'approbation inconditionnelle de votre interlocuteur en acceptant tout ce qu'il vous dit.

Quoi, ma gueule ?...

La plupart du temps, nos expressions faciales reflètent nos sentiments bien plus précisément que les mots que nous utilisons. Même si nos six émotions de base – la joie, la tristesse, la colère, le dégoût, la surprise et la peur – se reflètent sur notre visage, il nous arrive d'envoyer des messages inappropriés par ce biais, messages qui déstabilisent notre interlocuteur et qui peuvent nuire à l'information que nous essayons de transmettre.

Une simple expression faciale exagérée peut changer notre apparence et le regard que les autres ont sur nous. Prenons l'exemple d'une chanteuse réputée qui a l'air très séduisante lorsqu'elle fredonne ; quand elle s'exprime, cependant, c'est une tout autre histoire... C'est assez déconcertant, et assez fréquent, ne trouvez-vous pas ? (Non, non, je ne citerai aucun nom !)

Essayez d'afficher une expression faciale incongrue : votre entourage va alors s'interroger, se mettre en colère ou s'inquiéter de votre état, ou encore vous percevoir comme ayant un comportement « bizarre »... Quoi qu'il en soit, le message que vous essaierez de faire passer sera mal interprété.

Revenez à votre enregistrement et répondez aux questions suivantes.

1. Avez-vous l'air préoccupé ou ennuyé lorsque vous parlez, même si rien ne vous inquiète ?
2. Avez-vous l'air en colère lorsque vous parlez, même si rien ne vous énerve ?
3. Avez-vous l'air triste lorsque vous parlez, même si vous évoquez des sujets plaisants ?
4. Avez-vous l'air tendu ou stressé lorsque vous parlez, même si vous évoquez des sujets neutres ?
5. Avez-vous l'air écœuré lorsque vous parlez, même si vous évoquez des sujets agréables ?

Réguler nos expressions faciales

Si vous avez répondu « oui » à l'une de ces questions, essayez d'être attentif aux mouvements de vos yeux et de votre bouche, qui sont en grande partie responsables de vos expressions faciales.

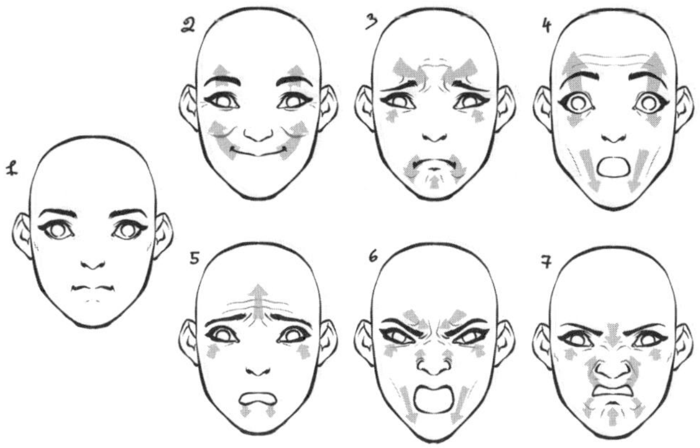

1. Neutre. 2. Joie. 3. Tristesse. 4. Surprise. 5. Peur. 6. Colère. 7. Dégoût.

Figure 13

Ouvrir l'œil et le bon

Votre regard en dit long sur vos intentions et peut trahir vos émotions.

Une fois de plus, observez-vous sur un enregistrement et répondez aux questions suivantes.

1. Plissez-vous fréquemment les yeux lorsque vous parlez – en ridant le front et/ou en fronçant les sourcils ?
2. Écarquillez-vous les yeux lorsque vous parlez ?
3. Regardez-vous sur le côté lorsque vous parlez ?
4. Votre regard se perd-il dans le vide lorsque vous parlez ?
5. Regardez-vous votre interlocuteur de haut en bas lorsque vous lui parlez ?
6. Votre regard apparaît-il terne et sans malice ?
7. Regardez-vous votre interlocuteur dans les yeux ?
8. Clignez-vous souvent des yeux ?

Saint-Jean bouche d'or

Toujours en regardant le miroir ou votre enregistrement, observez vos mouvements de lèvres et répondez aux questions suivantes.

1. Parlez-vous habituellement en faisant saillir votre mâchoire inférieure vers l'avant, ce qui crée une attitude agressive même sans le vouloir ?
2. Contractez-vous la bouche d'un côté et de l'autre lorsque vous parlez ?
3. Vos lèvres sont-elles pincées ou avez-vous un sourire tendu ?

4. Votre sourire est-il plaqué, sans sincérité ?
5. Relevez-vous la lèvre supérieure lorsque vous parlez ?
6. Avez-vous tendance à ouvrir la bouche lorsque vous écoutez votre interlocuteur ?
7. Postillonnez-vous lorsque vous parlez ?
8. De la salive est-elle présente au niveau de la commissure de vos lèvres lorsque vous parlez ?
9. Serrez-vous la mâchoire lorsque vous parlez, ou avez-vous tendance à « parler dans votre barbe » en ouvrant à peine la bouche et en n'articulant pas distinctement ?
10. Vous mordillez-vous souvent les lèvres ou l'intérieur des joues ?
11. Exagérez-vous les mouvements de votre bouche lorsque vous parlez, donnant l'impression que vous vous exprimez avec emphase ?
12. Avez-vous tendance à vous tapoter les lèvres avec les doigts ou avec un stylo ?

Inspirez... Expirez...

Croyez-le ou pas, la façon dont vous respirez peut avoir un impact sur la manière dont votre interlocuteur perçoit votre message. Si vous ne coordonnez pas votre respiration avec votre discours d'une manière appropriée, cela peut déstabiliser la personne à laquelle vous vous adressez. Votre voix comporte un certain timbre, un certain volume et une certaine intonation, tout cela étant associé à la qualité du son émis, à la façon dont vous prononcez les mots, à la vitesse à laquelle vous parlez, et à la qualité intrinsèque de votre communication.

Si vous répondez « oui » à l'une des questions suivantes lorsque vous regardez votre enregistrement, il est temps de prendre conscience que votre interlocuteur ne vous perçoit pas sous votre meilleur jour… Mais vous avez le pouvoir de changer !

EN PRATIQUE

Travailler sa voix

1. Le ton de votre voix est-il trop haut ?
2. Le ton de votre voix est-il trop bas ?
3. Avez-vous l'air ennuyé, parlez-vous de manière monocorde ?
4. Votre discours est-il trop animé ou très dramatique ?
5. Les gens donnent-ils l'impression de s'ennuyer lorsque vous parlez ?
6. Donnez-vous l'impression de crier ?
7. Votre voix est-elle hésitante ?
8. Avez-vous l'air agressif lorsque vous parlez ?
9. Le volume de votre voix fluctue-t-il lorsque vous parlez ?
10. Avez-vous un rythme haché lorsque vous parlez (un peu comme une mitraillette) ?
11. Détestez-vous le son de votre voix ?
12. Vous raclez-vous la gorge de manière systématique avant de parler ?
13. Le ton de votre voix est-il solennel et grave ?
14. Votre voix est-elle souvent éraillée ?
15. Vous demande-t-on souvent de répéter ce que vous avez dit ?
16. Avez-vous tendance à mal prononcer les mots ?
17. Avez-vous tendance à marmonner ?
18. Avez-vous des tics verbaux (euh... bon...) ?
19. Prononcez-vous mal les sons « s, z, ch, ou j » ?
20. Prononcez-vous mal les sons « r ou l » ?
21. Avez-vous tendance à déformer les voyelles ?
22. Vous trouvez-vous trop bruyant ?
23. Le ton de votre voix a-t-il tendance à s'estomper à la fin de vos phrases ?
24. Avez-vous tendance à hausser le ton, principalement en début de phrase ?

25. Avez-vous un rire bruyant et susceptible de déranger votre entourage ?
26. Élevez-vous la voix à la moindre provocation ou lorsque vous n'êtes pas d'accord avec votre interlocuteur ?
27. Avez-vous tendance à parler trop vite ?
28. Avez-vous tendance à parler trop lentement ?
29. Avez-vous tendance à faire de longues pauses entre deux phrases ?
30. Avez-vous tendance à enchaîner très rapidement vos propos ?
31. Le son de votre voix est-il nasillard ?
32. Avez-vous le nez bouché la plupart du temps, comme si vous aviez un rhume chronique ?
33. Avez-vous tendance à vous répéter ?
34. Répétez-vous souvent les mêmes mots ?
35. Vous arrive-t-il fréquemment de chercher vos mots ?
36. Vous arrive-t-il fréquemment de dire un mot à la place d'un autre ?
37. Éprouvez-vous des difficultés à exprimer vos pensées ?
38. Gardez-vous souvent le silence de peur de paraître stupide ?
39. Avez-vous tendance à répondre « Je ne sais pas » lorsqu'on vous pose une question ?
40. Votre vocabulaire est-il limité et est-il fréquent que vous ne compreniez pas le sens des mots ?
41. Utilisez-vous souvent des mots dans le mauvais contexte ?
42. Faites-vous souvent des erreurs de grammaire ?
43. Oubliez-vous fréquemment ce que vous alliez dire ?
44. Interrompez-vous souvent votre interlocuteur, ne lui permettant que rarement d'exprimer sa pensée ?
45. Vous arrive-t-il fréquemment de changer de sujet de conversation ?
46. Vous arrive-t-il fréquemment d'ignorer une question qui vous est posée ?
47. Avez-vous tendance à critiquer les autres ?
48. Avez-vous tendance à plaisanter sur tous les sujets, à éviter les thématiques sérieuses, ou faites-vous fréquemment des commentaires sarcastiques ?

49. Êtes-vous direct et peu diplomate ?
50. Répondez-vous généralement de manière brève (un ou deux mots) au lieu de développer votre point de vue ?
51. Avez-vous tendance à vous exprimer de manière manichéenne ?

CHAPITRE 6

Maîtriser les règles de communication

La manière dont s'effectuent les échanges d'information entre les individus conditionne les relations, et, aussi paradoxal que cela puisse paraître, nous vivons à une époque où les moyens de communication, de transmission et d'information connaissent un développement extraordinaire, mais où le « processus primaire », selon l'expression des spécialistes – c'est-à-dire la communication utilisée en tant que relation interhumaine authentique –, a parfois tendance à s'appauvrir.

Ainsi, gérer l'agressivité, la colère ou la violence de votre interlocuteur va dans un premier temps en passer par une meilleure connaissance des processus de communication mis en jeu entre vous.

Formes et processus de la communication

Les trois formes de communication

- La **communication verbale** : elle représente le genre de communication que nous établissons le plus couramment. La voix est le support type pour entrer en relation avec autrui. Elle peut cependant entraîner des difficultés relationnelles par suite de déformations, ou tout simplement par des différences de langue, de langage, de prononciation…
- La **communication non verbale** : l'interaction sociale ne consiste pas seulement en des échanges verbaux. Lorsque nous parlons à quelqu'un ou à un groupe, ce que nous disons s'accompagne d'un ensemble de signes qui ont été appelés non verbaux : mimiques, signes de tête, expressions du visage, regards, gestes, postures, ton de la voix, etc. Ces signes jouent un rôle particulier, distinct de la communication verbale, et ils signifient aux interlocuteurs un certain nombre de choses à côté du contenu verbal, plus ou moins en synergie avec ce dernier. La perception des signes non verbaux est plus « instinctive » et plus immédiate que la compréhension du contenu verbal. En effet, la psychologie de l'enfant a montré que, bien avant l'apparition du langage, l'enfant sait « comprendre » les expressions physionomiques de ses éducateurs, et se règle d'abord sur ces dernières pour savoir ce qu'il doit faire ou non, ou si ce qu'il fait est bien ou mal. Retenons que l'ensemble des signes non verbaux a une fonction spécifique et essentielle.
- La **communication écrite** : c'est également un moyen de communication très utilisé dans les entreprises ou lorsque les

interlocuteurs sont séparés. Tout message, quel qu'il soit, comporte des éléments non verbaux. Cela est moins immédiatement perceptible dans le message écrit, mais le papier, la disposition, les caractères, le format, les couleurs, les illustrations, la mise en page jouent dans le sens d'un renforcement de l'intelligibilité ou au contraire du brouillage ou des « bruits ». Tous ces messages se superposent, et c'est un ensemble plus ou moins harmonieux que reçoit le lecteur ou l'interlocuteur.

Ces trois formes de communication peuvent être mises en œuvre simultanément. Bien souvent, les gestes ou l'écriture accompagnent la parole et permettent de mieux entrer en relation.

Le schéma de communication

L'information, c'est à la fois une opération (action d'informer) et un contenu (ce qui informe) aboutissant à la réduction d'un désordre. La communication, c'est l'ensemble des processus physiques et psychologiques par lesquels s'effectue l'opération de mise en relation d'une ou de plusieurs personnes (l'émetteur) avec une ou plusieurs autres personnes (le récepteur) en vue d'atteindre certains objectifs.

Toute communication suit le schéma suivant, comportant plusieurs étapes.

• L'**objectif** à atteindre. Avant de construire son message, l'émetteur doit avoir une idée claire de l'objectif qu'il se propose d'atteindre. Le message sera différent selon son but. La précision des objectifs est importante, car elle permet de donner au message sa signification réelle. De ce fait, l'interprétation sera facilitée pour le récepteur et les erreurs

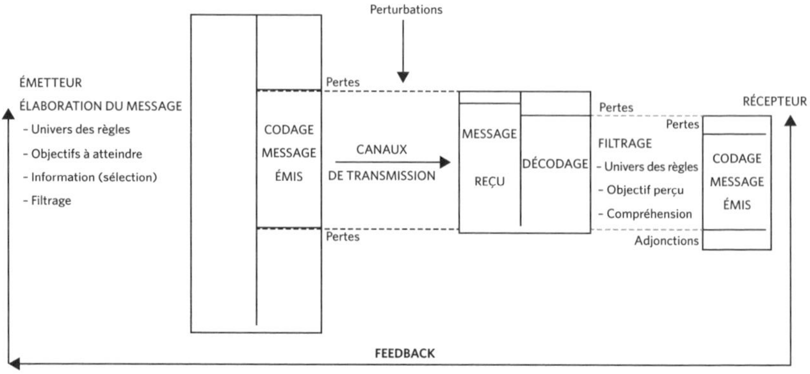

Figure 14

de compréhension réduites. L'objectif perçu par le récepteur peut être différent de l'objectif réel de l'émetteur. Dans ce cas, une discussion entre les deux interlocuteurs peut permettre de diminuer le degré d'incertitude et d'ambiguïté sur les buts réellement perçus.

• L'**information** à transmettre. L'émetteur sélectionne l'information et peut décider de ne transmettre que tout ou partie de cette même information selon l'objectif qu'il s'est fixé. L'information sera affectée par un certain nombre de facteurs tels que les attitudes respectives de l'émetteur et du récepteur, la position hiérarchique des interlocuteurs. De ce fait, il n'y a pas toujours adéquation entre l'information à transmettre et le message. L'information doit en outre répondre à un certain nombre de critères : elle doit être claire, pertinente, cohérente et complète.

• Le **filtrage**. L'émetteur sélectionne ce qu'il va laisser passer. Les restrictions apportées au message peuvent dépendre du type de relations entre l'émetteur et le récepteur, mais également du cadre de référence de chacun d'entre eux (idées, savoir, normes, règles, valeurs). Le filtrage conduit à une distorsion au niveau de l'exactitude de l'information transmise. Cette dernière peut provenir d'une mauvaise compréhension de l'information transmise de la part de l'émetteur ou d'une volonté délibérée de donner des informations tronquées.

- L'univers des **règles**. La communication se déroule dans un groupe social dont le fonctionnement est conditionné par des coutumes, des modèles qui constituent ce que nous appelons l'univers des règles. Les communications sont soumises à des normes de groupe qui régissent ce qu'il est possible de dire, de faire, ou à l'inverse, ce qu'il faut éviter. Dans chaque institution, les règles écrites, verbales, implicites, nées d'habitudes, ont une influence sur le style des relations : telle communication écrite doit être rédigée d'une certaine manière, et exprimer des sentiments authentiques vis-à-vis de supérieurs hiérarchiques est alors difficile... De même, certaines informations importantes qui ne peuvent s'exprimer formellement s'exprimeront dans certains cas de manière informelle.
- La **position hiérarchique** des interlocuteurs. La communication sera différente selon que l'émetteur est un supérieur, un collègue ou un subordonné du récepteur. Par ailleurs, une distinction s'impose entre la position hiérarchique réelle et la position hiérarchique perçue. Si les interlocuteurs ont des rapports amicaux, ces rapports influent sur la position hiérarchique dans le sens d'une moins grande dépendance. Par contre, si la position hiérarchique réelle et la position hiérarchique perçue coïncident, le lien de dépendance est particulièrement fort et peut parfois créer une barrière à la communication.
- Les **moyens de transmission** des messages.
  - Le **codage** consiste à mettre en forme le message. Le code employé varie suivant les individus et suivant le milieu professionnel ou social. Chaque groupe professionnel a

son vocabulaire, son langage. De même, chaque individu a sa manière de s'exprimer, emploie des tournures de phrases qui lui sont particulières, utilise un ton particulier, etc. Le récepteur déchiffre le message qu'il a reçu suivant son propre code. Dans ce cas, il y a risque de perturbations par le fait que l'émetteur et le récepteur peuvent appartenir à des groupes différents. Il est donc nécessaire d'ajuster la communication en fonction des codes.

– Les moyens techniques de communication : l'émetteur peut utiliser plusieurs supports pour sa communication (entretien avec le récepteur, réunion de travail, d'information ou de discussion, téléphone, note de service, rapport, circulaire...). Le choix du support technique dépend du type de structure, de l'institution proprement dite, de l'univers des règles, des objectifs poursuivis et des sujets traités...

• Les **attitudes**. La communication dépend, dans une certaine mesure, de la représentation que nous avons d'autrui, en général de notre capacité à communiquer et de notre désir de communiquer avec une personne désignée en particulier. Nous nous faisons une image des autres à partir des significations que nous attachons à leur conduite. Cette représentation est également affectée par l'image que nous croyons qu'autrui a de nous. Selon que nous serons perçus comme agressifs ou bienveillants par notre interlocuteur, il entrera en relation avec nous de manière différente. Si nous jugeons autrui selon notre propre cadre de référence sans faire l'effort d'assimiler le sien, cela fera obstacle à une véritable communication, quel que soit le message.

• Le **canal** de communication. La communication peut être également perturbée au niveau de l'utilisation des canaux de transmission. Avant d'utiliser un canal de communication, il est nécessaire de bien le connaître et de savoir qui va recevoir l'information. Lorsque nous émettons un message, il va transiter par un certain nombre d'échelons intermédiaires qui constituent les différents niveaux hiérarchiques de l'institution. Plus la ligne de communication est longue, plus il y a risque de voir le message déformé.

• La **réception** de la communication. Elle est fonction des mêmes éléments que l'émission : codage, attitudes, univers des règles, cadre de référence, position hiérarchique, filtrage, objectif poursuivi. Le récepteur filtre la communication et la traduit selon son propre code. Il lui donne une signification en concordance avec sa perception de l'émetteur et du but qu'il se fixe. L'ajustement de l'action entreprise par le récepteur avec le but poursuivi par l'émetteur se fera s'il y a effort d'homogénéisation de la part des deux interlocuteurs.

• Utilisation du **feedback**. Lorsque l'émetteur communique une information, c'est en général dans le but de faire agir le récepteur. Il est donc nécessaire, avant que ce dernier ne passe à l'action, de s'assurer de l'efficacité de la communication. L'émetteur doit contrôler si son message a été perçu correctement et bien compris. Pour cela, il demande au récepteur d'émettre à son tour un message dans lequel il reformule l'information reçue. La technique employée se nomme feedback (information en retour) et permet à l'émetteur de s'assurer de la bonne compréhension du message de la part du récepteur. Cela permet d'apporter les corrections nécessaires ou des informations complémentaires si besoin est. Le feedback n'est pas une répétition mot pour mot du message reçu, mais un nouveau message élaboré, cohérent et construit par le récepteur dans son propre code. Il doit savoir être employé au-delà de la simple rétroaction de l'information. Plus qu'un ajustement sémantique, le feedback est une identification progressive à l'interlocuteur. Il est avant tout le résultat d'un climat de compréhension mutuelle.

Les obstacles à la communication

Il existe des obstacles à une communication efficace, qui pourront causer ou majorer l'agressivité, la colère ou la violence de votre interlocuteur.

- La **personnalité**. Tous les individus étant différents au point de vue tant génétique que sur le plan culturel et social, chacun, selon sa propre personnalité, interprète à sa façon.
- La **psychologie humaine**. Nous aimons être informés, mais nous craignons d'informer les autres, car beaucoup de responsables pensent encore que la connaissance est liée à l'autorité. Il semble donc préférable de garder l'information pour soi. Mais, aujourd'hui, « pour accroître son pouvoir, il faut le partager » (Caron, 2018).
- Le **vocabulaire**. Deux types de vocabulaire peuvent être individualisés :
  - le **vocabulaire simple** : la langue française compte environ 36 200 mots. Seulement 1 500 sont employés couramment ;
  - le **vocabulaire spécialisé** : chaque spécialité (médecine, informatique, droit...) utilise son propre vocabulaire, sorte de langage élitiste.
- Le **statut**. Le statut social, la position dans la hiérarchie ne facilitent pas la communication. La position de « chef » a longtemps été un moyen d'imposer et non pas de transmettre en expliquant ou en répondant à des questions.

- La **crainte de l'inconnu**. C'est la résistance au changement : « Il y a dix ans que l'on procède comme cela. Pourquoi changer ? » ; « On sait ce qu'on perd, on ne sait pas ce que l'on va gagner. »
- L'**interprétation du récepteur**. Il y a obligatoirement une interprétation du récepteur dans le contexte de la discussion.
- Le **milieu**. Le bruit perturbe le canal, cache des mots, en déforme d'autres. Le manque de place, le désordre, fait qu'on a plus de chance de perdre une note écrite.
- L'**intonation**. Nous utilisons des mots, mais l'intonation pour les prononcer accentue, atténue ou déforme la définition de ceux-ci, selon que l'on soit convaincu ou non. On peut fort bien prononcer un « oui » qui veut dire « non ».
- L'**influence**. Les rapports d'influence entre émetteur et récepteur sont importants.
- L'**antipathie**. D'emblée, le message sera déformé négativement.
- La **sympathie**. D'emblée, le message sera déformé positivement.
- L'**attitude**, le mouvement. Le fait de regarder sa montre, se lever ou tourner en rond signifie à l'interlocuteur que c'est fini, que les micros et écouteurs sont débranchés. La communication est coupée. C'est le paralangage.
- La **peur du contact**. La timidité, le trac, voire la phobie sociale, sont des éléments perturbateurs dans le flux de la communication. Les phrases sont alors hachées, la parole haletante, le souffle manque…
- Le **manque de temps**. Dans la communication, il y a des phases indispensables : codage, émission, réception, décodage, compréhension… Il est inutile de vouloir « gommer »

des étapes. Mieux vaut remettre à plus tard si l'on ne dispose pas du temps nécessaire.

• La **non-écoute**. Puisque, de toute façon, l'interlocuteur n'est pas décidé à écouter, mieux vaut attendre des circonstances plus favorables.

• La **difficulté d'expression**. Le bégaiement naturel, la surdité sont des difficultés ; mais il existe également des phrases réellement difficiles à prononcer (« La chemise de l'archiduchesse est sèche, archisèche »). Certains tics verbaux (heu, alors, ben, disons que...) peuvent être notés dans ce cadre.

• Le **manque d'intérêt**. Difficile de défendre, d'expliquer un projet ou une idée dont on n'est pas convaincu du bien-fondé.

Comment dépasser les obstacles

Comme en médecine, s'il y a des maux, il y a des remèdes. En communication, il existe quelques remèdes permettant le franchissement ou la réduction des obstacles :

• **Bien se connaître soi-même.** C'est avoir une certaine connaissance de son caractère, de son comportement, de son système de défense et savoir comment on est perçu par les autres. C'est le minimum de base de référence qui permet de « corriger le tir » en fonction de sa propre personnalité.

• **Réduire la distance intellectuelle.** C'est à l'émetteur de « faire sauter » les barrières mises en place par les spécialistes (médecine, informatique, électronique) et ainsi se mettre au niveau intellectuel du récepteur.

• **Sortir de son cadre de référence.** Il s'agit ici d'ouvrir, d'élargir son cadre de référence habituel. Prenons un exemple. Vous travaillez depuis plusieurs années dans un environnement où la prise de décision repose toujours sur des analyses quantitatives détaillées. Vous avez tendance à écarter les idées ou propositions non étayées par des chiffres précis.

- **Actions pour élargir votre cadre de référence :**
  - **approche** : participer à un atelier de brainstorming créatif où aucune idée n'est rejetée, même si elle semble non mesurable au départ. Par exemple, proposer des idées pour améliorer l'expérience client en s'appuyant uniquement sur des anecdotes et des ressentis partagés par les clients lors d'interviews ;
  - **résultat** : vous comprenez que des solutions qualitatives, comme la refonte de la présentation d'un produit, peuvent avoir un impact significatif, même sans une validation immédiate par des données.
- **Bénéfices :**
  - vous apprenez à intégrer des perspectives moins rationnelles dans vos prises de décision ;
  - vous développez une ouverture d'esprit, ce qui favorise l'innovation dans votre travail ;
  - votre collaboration avec des collègues aux approches différentes s'améliore, car vous valorisez désormais leur manière de penser.
- Faire preuve d'une certaine **maturité émotionnelle** :
  - se montrer « assertif » (ou affirmé) plutôt qu'« agressif » ;
  - se montrer « valorisant » plutôt que « dévalorisant ».

• **Marquer des silences.** Cette technique permet au récepteur de récupérer le retard éventuel, de terminer son décodage, d'assimiler le message. Elle permet également à l'émetteur de reprendre son souffle, de faire le point, d'analyser le comportement du récepteur.

- **Apprendre à s'exprimer.** Deux types d'expression peuvent être distingués :
  - l'**expression physique** : soigner sa tenue vestimentaire, qui doit être adaptée aux circonstances, et son apparence physique en général ;
  - l'**expression orale** : soigner l'articulation, réguler la respiration, réduire le débit, limiter les grandes envolées oratoires, privilégier le calme et la précision dans les gestes, suivre du regard les réactions des récepteurs.
- **Soigner et varier le canal.** Il est très difficile de maintenir l'attention d'un individu pendant très longtemps. Un orateur se doit d'utiliser, en alternance, tous les outils : rétroprojecteur, tableau, croquis, etc. Il faut également être mobile pour maintenir l'attention sur soi. Choisir un canal, c'est aussi choisir un endroit favorable, sans bruit, bien éclairé, etc.
- **Réduire les parasites.** Deux types de parasites doivent être éliminés :
  - les **parasites physiques** : surveiller attentivement ses propres tics (croiser, décroiser les jambes, se gratter la tête, jouer avec son crayon, avoir un sourire ironique, avoir l'air hautain…) ;
  - les **parasites oraux** : éliminer les « heu », « alors », « ben », « disons que »…
- **Apprendre à écouter.** Il faut être convaincu que l'on ne possède pas la science infuse, que l'on n'est pas universel, que l'on n'est pas indispensable. Par ailleurs, il faut être convaincu que les autres peuvent avoir des idées – et qu'en général ils en ont – et souvent des bonnes. Alors, apprenons à écouter les autres.
- **Rester soi-même.** Il faut savoir rester soi-même, rester naturel, être sincère et loyal.

• **Faire le point.** Il est nécessaire de faire le point à intervalles réguliers pour :
- s'assurer du degré de compréhension ;
- s'assurer qu'émetteur et récepteur sont sur la même voie : celle qui mène à l'objectif ;
- prendre connaissance des remarques, des compléments d'information nécessaires et demandés par le récepteur ;
- dès qu'une communication est terminée, prendre le temps d'analyser le niveau de qualité de cette dernière.

Les dix règles d'une communication efficace

1. Poursuivre un but clair.
2. Être et rester dans le positif.
3. Établir et maintenir le rapport avec son ou ses interlocuteurs.
4. Éviter toute précipitation : prendre le temps d'appréhender son public.
5. Être centré sur l'autre au lieu d'être absorbé par ce qui se passe en soi.
6. Éviter de croire que les autres pensent comme nous ou savent ce que nous savons.
7. Faire la différence entre les faits et les interprétations.
8. Vérifier plutôt que supposer.
9. Vérifier que l'interlocuteur suit ou qu'il est d'accord.
10. Changer de stratégie lorsque ce que nous sommes en train de faire ne marche pas.

Les bénéfices d'une bonne communication

Bien des individus pensent que le fait d'écouter, d'expliquer, de dialoguer nuit à leur autorité ou favorise le conflit.

Au contraire, dans la majorité des cas, la communication renforce l'autorité et apaise les tensions. La communication doit être structurée et régulière pour permettre à chacun d'en tirer le maximum de bénéfice. Les gains sont nombreux grâce à une bonne pratique de la communication.

- **Créer un esprit d'équipe.** Un responsable doit amorcer ce processus d'échange. Son devoir en la matière est d'informer régulièrement ses collaborateurs.
- **Motiver le personnel.** L'information et la communication répondent en grande partie aux facteurs de motivation que sont les besoins de comprendre, le désir d'appartenance, la soif de reconnaissance.
- **Faire évoluer l'encadrement.** Communiquer et informer ne font pas perdre du pouvoir. Les nouvelles formes d'organisation ont fait ou font vaciller ce théorème. La principale manifestation de l'autorité et de la compétence de l'encadrement vient de l'aptitude à communiquer et de la pertinence de l'information transmise.
- **S'adapter aux changements.** L'information et la communication sont les meilleurs outils pour diminuer les résistances aux changements. Un dialogue constant est nécessaire pour expliquer, rassurer et impliquer les individus.
- **Favoriser un management participatif.** Le passage à un style de commandement plus participatif est en grande partie basé sur la communication.
- **Impliquer, faire participer.** La poursuite d'objectifs communs nécessite une forte implication des subordonnés. Ils doivent avoir la possibilité de faire part de leurs suggestions, leurs remarques pour réaliser les tâches communes. La communication permet ainsi de maintenir la cohérence des décisions et des actions à l'intérieur des groupes de travail.

• **Résoudre les conflits.** Les pratiques les plus répandues sont celles de l'indifférence, de l'étouffement de l'expression des sentiments de mécontentement. Négliger le traitement de ces situations problématiques entraîne souvent des conséquences néfastes sur les individus, sur le climat de travail d'une équipe. Seule une communication rigoureuse, authentique, permettra de faire avancer les choses. Il en est de même pour les rumeurs. La prise en compte de celles-ci, associée à une communication régulière, peut permettre d'en neutraliser les effets pervers.

CHAPITRE 7

Les différents types d'agresseurs verbaux

L'agression verbale et les injures sont des marqueurs d'hostilité. Les personnes qui y ont recours de manière récurrente sont torturées par des émotions négatives (colère, peur, frustration...) qui n'ont souvent rien à voir avec vous. Habituellement, l'animosité de ces individus est secondaire à diverses contrariétés qui se sont cumulées depuis qu'ils ont posé le pied par terre. S'ils ne parviennent pas à résoudre leurs problèmes, quiconque croise leur chemin est susceptible de subir leur agressivité gratuite... Mais dans tous les cas, leurs petits soucis ne vous concernent pas ; ce qui va vous importer, c'est d'être capable de catégoriser l'interlocuteur menaçant qui se tient en face de vous.

On peut définir plusieurs types d'agresseurs verbaux. Leur dénominateur commun est une difficulté de communication si déficiente qu'ils tentent de vous ramener à leur propre registre d'inadéquation. Et l'agression verbale peut se produire à deux niveaux distincts. À terme, l'objectif reste le même bien entendu : l'attaque est destinée à faire mal et à vous blesser. Cependant, les conséquences d'une agression de niveau 1 ne sont pas aussi dévastatrices que celles d'une agression de niveau 2.

Au niveau 1, l'agresseur a tendance à ne pas s'immiscer dans votre vie. Son but est juste de vous rendre malheureux ou vous mettre mal à l'aise par ses propos.

Au niveau 2, l'agresseur cherche à vous toucher durablement. Il est susceptible d'utiliser vos points faibles afin de vous atteindre.

Les agresseurs verbaux de niveau 1

Les dix profils d'agresseurs verbaux de niveau 1 sont plus provocateurs mais moins toxiques que ceux de niveau 2. Apprenez à les repérer afin de vous en prémunir.

L'agresseur plaisantin

Il s'agit là d'un interlocuteur qui vous précise systématiquement qu'il plaisante après vous avoir fait une remarque dévastatrice. Il semble ne porter aucune attention à ce qu'il vous a dit, mais cet apparent détachement n'est en fait qu'une stratégie pour vous empêcher de l'attaquer en retour. Si vous le renvoyez au commentaire hostile qu'il vous a fait, il insistera sur le fait « qu'il ne faisait que plaisanter ». Plus vous persistez, plus il résistera, pour enfin utiliser un ton exaspéré ou sarcastique indiquant que c'est vous qui avez un problème, car vous prenez les choses très au sérieux. Après tout, « il ne faisait que plaisanter » : vous êtes trop susceptible ! Au fond de lui-même, il cherche à vous nuire mais il est trop lâche pour vous le dire en face, alors il déguise son agressivité en humour.

Beaucoup de jeunes femmes subissent ce type de comportement dans le cadre du harcèlement de rue : à partir du moment où un homme se sent intimidé et/ou rejeté, il peut chercher à prendre le dessus en faisant des déclarations hostiles et insultantes à une passante. Et lorsqu'il considère qu'il a réussi à obtenir son attention – voire qu'il l'a effrayée –, il pense qu'il a un certain pouvoir sur elle, ne serait-ce que pour un instant.

L'agresseur offusquant

Cet interlocuteur est assez similaire au plaisantin. Les deux cherchent à vous faire réagir et à vous faire perdre votre calme. Leur objectif est de vous choquer en faisant un commentaire inapproprié afin d'attirer votre attention ou de voir comment vous allez vous comporter vis-à-vis d'eux. Contrairement au plaisantin, celui qui cherche à vous offusquer ne vous en veut pas et/ou ne vous déteste généralement pas. Parfois même il vous apprécie sincèrement.

Ce profil d'individu est plutôt immature sur le plan émotionnel ; il essaie constamment de repousser les limites avec vous pour voir si vous continuez à l'apprécier. Après tout, papa et maman lui ont toujours donné un amour inconditionnel, alors pourquoi pas vous ?... Il ne comprend pas que vous n'êtes pas son parent et que, lorsqu'il devient agressif, vous n'êtes pas censé tolérer ce comportement. Si vous « passez le test » et que vous ignorez ce qu'il a dit ou que vous minimisez la teneur de son propos, il a l'impression que vous l'appréciez sans condition.

L'agresseur sarcastique

Semblable au plaisantin, il utilise l'hostilité sous couvert d'humour parce qu'il ne vous apprécie pas vraiment. Mais rassurez-vous : il ne s'apprécie pas non plus et considère le monde environnant comme sombre et lugubre.

Il est impossible d'être serein avec ce type d'individu, car il ne lâche généralement jamais prise et fait systématiquement une petite remarque négative (sur un ton plus ou moins humoristique) quelle que soit la situation. Il prend rarement les choses au sérieux, mais la vérité est qu'il ne cherche pas à vous faire rire : il est conscient de sa souffrance intérieure et l'on ne peut que rarement avoir une conversation avec lui sans qu'il ait recours au sarcasme. Il s'agit là d'un interlocuteur très fatigant et frustrant pour son entourage.

L'agresseur marteleur

Le marteleur n'arrête pas de vous agresser verbalement, même si vous ne lui répondez pas. Il continue encore et encore, encore et encore… Il ressasse constamment vos éventuelles erreurs, évoquant de manière récurrente une période de votre passé qu'il juge problématique. Il vous torture littéralement du point de vue psychologique, jusqu'au point de rupture.

Si vous réagissez vivement, il ne semble pas particulièrement déstabilisé ; il poursuit inlassablement son travail de sape…

Vous pouvez vous excuser cent fois (encore faudrait-il que ces excuses soient légitimes), rien n'y fait. S'il vous est possible de profiter parfois d'un temps de pause, soyez persuadé que la dynamique de harcèlement reprendra plus tard. Ce type d'interlocuteur est généralement rempli de colère et se considère comme une éternelle victime, ce qui lui donne l'impression que les gens lui font constamment du mal. Dans la plupart des cas ce comportement n'est pas en lien direct avec vous, mais a plutôt à voir avec une expérience malheureuse que votre interlocuteur a tendance à généraliser.

L'agresseur compétitif

Tout comme l'agresseur plaisantin, l'objectif du compétitif est de prendre l'ascendant sur vous. Ce qui, de son point de vue, est tout à fait approprié, car après tout il est tellement plus brillant, plus intelligent et plus cultivé que vous… Ce profil d'interlocuteur est prompt à vous prouver à tout bout de champ sa supériorité, et cherche constamment à rivaliser avec vous.

Il est probable qu'il vous apprécie. Peut-être même qu'il vous apprécie tellement qu'il vous envie… Et dans ce cas son sentiment de jalousie le pousse à jouer le jeu de la surenchère avec vous pour se sentir mieux. Mais dans les faits, il est extrêmement peu sûr de lui et de ses actions. Et cela entraîne une constante recherche de renforcements positifs, cette dynamique devenant l'essence même de son existence. Peu importe à quel point vous essayez de le sécuriser, cela n'a aucune importance : il a besoin de se construire, principalement à vos frais.

L'agresseur compétitif a tendance à vous épuiser, car il remet en question et dénigre tout ce que vous dites et faites.

Être en sa compagnie signifie constamment écouter sa surenchère et être rabaissé. Vous ne pouvez pas avoir de véritable conversation avec lui, vous ne pouvez que faire un match d'où il doit sortir « gagnant ».

L'agresseur virulent

Pour lui, démolir les autres et le monde qui l'entoure est un véritable sacerdoce. Tout comme l'agresseur sarcastique, il distingue son environnement au travers d'un filtre cognitif négatif. Mais contrairement à ce dernier, il n'essaie pas de dissimuler son venin verbal avec de l'humour ; bien au contraire, il est direct et très ouvert concernant ses opinions. Tout comme le compétitif, il éprouve le besoin de se construire en rabaissant les autres. La seule différence est qu'il n'essaie pas seulement de vous surpasser, il vous critique constamment par ailleurs. Si l'agresseur virulent critique les autres en votre présence et vous épargne, ne soyez pas dupe : votre tour viendra ultérieurement, sans doute en votre absence.

Sans le caricaturer, on peut l'imaginer aisément les lèvres pincées, la mâchoire serrée, le visage tendu, s'adressant à vous d'un ton méprisant. Sa compagnie n'est pas très agréable, car rien ne semble le rendre heureux. Il trouvera toujours quelque chose qui ne va pas. Mécontent de tout, peu importe ce que vous dites ou ce que vous faites, rien ne peut le satisfaire.

Le risque est qu'il parvienne à remettre en question votre comportement, vos pensées, altérant ainsi votre propre estime de vous-même et votre vision globale de la vie. Ce profil d'agresseur est à rapprocher du célèbre « pervers narcissique ».

L'agresseur traître

Vous vous êtes confié à cet interlocuteur, vous avez partagé quelque chose d'intime, de personnel avec lui, quelque chose qui vous embarrasse ou qui pourrait même vous mettre en difficulté si cela venait à se savoir… Vous vous livrez à cette personne parce que vous lui faites implicitement confiance. Après tout, cet individu vous a sans doute révélé ses pensées les plus profondes et ses secrets enfouis. Vous vous sentez en sécurité avec lui. Cependant, à l'occasion d'un conflit ou d'un désaccord entre vous, il va vous attaquer précisément sur cette confidence, vous renvoyer en pleine face ce que vous avez partagé avec lui dans la plus stricte confidentialité.

Pourquoi agir ainsi ? Tout simplement parce qu'il est prêt à utiliser n'importe quel moyen – même l'attaque verbale la plus destructrice – afin de prendre l'ascendant sur vous. Ce comportement est l'illustration d'un manque flagrant de respect vis-à-vis de vous. Un autre souci se pose avec ce type d'agresseur : s'il a ainsi trahi votre confiance lors de cet échange, qu'est-ce qui vous dit qu'il n'a pas déjà partagé vos confidences avec d'autres ? Car de toute évidence, il n'a pas assez d'égard pour vous pour considérer les desiderata inhérents à votre intimité.

A priori, si vous pouvez éviter l'agresseur traître, faites-le. Lui donner le pouvoir de vous nuire est une erreur : il va en abuser ! Votre entourage commun a tendance à connaître sa manière de fonctionner : ce type d'individu ne suscite généralement pas énormément de respect de la part des autres, et si vous vous rapprochez de lui, vous risquez même de lui être associé.

L'agresseur renard

Tout le monde aime être apprécié, c'est normal. Cependant, lorsque votre interlocuteur vous flatte constamment, loue vos qualités sans relâche avec une émotion et une admiration difficilement contenues, restez prudent ! Tout comme dans une fable de Jean de La Fontaine, le renard vous fait un large sourire et semble sincèrement ravi de vous voir. Sa gestuelle est généralement excessive, et il s'adresse à vous avec emphase. Les compliments pleuvent, les exagérations positives sont légion.

Ne vous laissez pas abuser : ce profil d'agresseur est peu sincère et manipulateur. Soyez persuadé qu'il attend quelque chose de vous, et qu'il se dévoilera une fois dans vos bonnes grâces. Regardez comment il se retourne contre vous lorsque votre réponse est « non », ou lorsqu'il n'obtient pas ce qu'il veut : soudain ses paroles sucrées deviennent salées, voire acides.

Le renard aime à vous rappeler qu'il vous considère comme un ami précieux. Mais cela est calculé, car il attend très probablement quelque chose de vous. Il vous rejette après avoir obtenu ce qu'il voulait, ou après n'avoir pas obtenu ce qu'il voulait. Il continuera à être agréable à votre égard s'il pense qu'il est possible d'obtenir plus. Au fond de lui-même il est sans doute conscient qu'il ne vous apprécie pas plus que ça, mais il est prêt à passer outre afin d'atteindre son objectif.

Ce comportement manipulateur est somme toute assez immature : les enfants agissent de la sorte lorsqu'ils demandent quelque chose à leurs parents. Ils tentent la séduction, mais si leur charme ne fonctionne pas, ils se mettent à pleurer ou à faire un caprice. Le renard aborde les autres de la même manière. Il n'est pas rare qu'il se transforme en agresseur traître qui, au lieu de chanter vos louanges, dévoilera à votre entourage vos échecs et vos points faibles. Tel le corbeau, méfiez-vous du renard !

L'agresseur contre-complimenteur

Tout comme le plaisantin, le contre-complimenteur éprouve du ressentiment à votre égard. Il est probable qu'il ne vous apprécie pas, et s'il doit vous faire une remarque acerbe, au lieu d'essayer de déguiser cette hostilité avec de l'humour, il débute en vous disant quelque chose d'élogieux, puis il vous assène le coup fatal. Le ton de sa voix a tendance à le trahir : s'il monte dans les aigus à la fin de sa déclaration introductive, il a tendance à infléchir vers le bas immédiatement après, lorsqu'il est sur le point de vous casser façon Brice de Nice.

Ce type d'agresseur vous en veut personnellement, il se peut même qu'il soit jaloux de vous. Il cherche à s'attaquer à votre moindre imperfection, mais il le fait d'une manière si subtile que vous ne vous rendez parfois même pas compte qu'il vous agresse verbalement. La prise de conscience peut avoir lieu après quelques minutes, voire des heures ou même des jours plus tard.

Vous réfléchissez à ce que vous avez dit, à ce qu'il a dit, et à ce que vous auriez aimé dire si vous aviez réalisé ce qu'il disait. Ce méli-mélo mental peut vous tenir éveillé des nuits entières… La raison pour laquelle le coup porté vous atteint à distance est que le commentaire positif initial résonne toujours dans votre esprit. Ensuite, quand vous vous refaites le film, vous prenez conscience de la teneur de l'échange (mais il est trop tard)…

L'agresseur autocentré

L'autocentré ne discute que du sujet qui l'intéresse le plus : lui-même. Tout son discours tourne autour de sa petite personne, il ne se soucie nullement de savoir si cela intéresse son entourage ou pas. Cet agresseur verbal regarde rarement dans votre direction lorsqu'il s'adresse à vous. Il évoque les diverses expériences de sa vie en insistant sur le moindre détail.

Bien souvent cette nécessité d'attention cache un profond manque de confiance en soi. Ce profil d'interlocuteur a constamment besoin d'être valorisé pour exister. Le discours est principalement marqué par le « je » ; le « vous » est très rarement – voire jamais – employé. L'autocentré pérore, il ne dialogue pas avec vous. Il n'est généralement pas très serviable ou généreux, alors ne vous attendez pas à ce qu'il fasse quelque chose pour vous qui ne lui soit pas directement profitable.

Les dix agresseurs verbaux de niveau 1

L'agresseur plaisantin
L'agresseur offusquant
L'agresseur sarcastique
L'agresseur marteleur
L'agresseur compétitif
L'agresseur virulent
L'agresseur traître
L'agresseur renard
L'agresseur contre-complimenteur
L'agresseur autocentré

Les agresseurs verbaux de niveau 2

Il existe onze types d'agresseurs verbaux de niveau 2. Contrairement à ceux de niveau 1, qui sont principalement provocateurs, ces individus cherchent à être destructeurs et peuvent représenter un danger pour vous. En comprenant mieux comment ils procèdent et comment les reconnaître, vous vous épargnerez beaucoup de souffrances.

L'agresseur inquisiteur

Côtoyer ce type d'agresseur signifie avoir l'impression de vous retrouver en séance d'interrogatoire de police. C'est une chose d'être persistant, mais là il s'agit carrément de harcèlement. Il ne sait pas quand s'arrêter, continuant sans cesse à vous poser des questions jusqu'à ce qu'il obtienne la réponse qu'il veut entendre. Les questions vous sont posées de différentes manières afin de vous prendre en flagrant délit de mensonge, ou de mettre en lumière des détails que vous ne souhaitiez pas aborder. L'agresseur inquisiteur a tendance à vous mettre sur la défensive, vous donnant constamment l'impression d'être coupable alors qu'en fait vous n'avez rien fait de mal. Il est généralement très curieux, et veut tout savoir de votre vie professionnelle et personnelle.

Cet agresseur verbal manque tellement d'assurance qu'il a besoin d'être rassuré sur le fait que tout doit être comme il l'envisage. Le problème c'est qu'il essaie de vous soutirer autant d'informations qu'il le peut afin de pouvoir les retranscrire aux autres. Bien entendu, ces informations sont systématiquement mal interprétées et répétées hors contexte, ce qui ternit votre réputation. À Nice, on appelle ce type de personnage un « ficanas ».

L'agresseur instigateur

L'agresseur instigateur prend un malin plaisir à s'immiscer dans vos affaires personnelles en vous disant quoi faire. Il ne recule devant rien pour tourner la situation à son avantage, quitte à déformer la réalité. Il vous livre ses propos d'un ton alarmiste afin de bien vous faire percevoir la gravité du problème. Et bien entendu vos éventuelles confidences seront divulguées en retour à qui voudra bien les entendre.

L'instigateur n'a généralement pas de grandes occupations dans son quotidien et se nourrit de l'agitation qu'il crée dans la vie des autres. Ses phrases commencent systématiquement par : « Je ne veux pas être indiscret, mais… », « Ce ne sont pas mes affaires, mais… », « Je pense que tu devrais savoir que… », ou encore : « Il se trouve que j'ai entendu ça à ton propos… »

Il est globalement trop occupé pour vouloir vous aider ensuite ou s'impliquer dans la résolution du problème énoncé. Le rythme de sa voix est rapide, ce qui vous amène à vous inscrire dans l'immédiateté de la situation. Et n'oubliez pas que, si votre interlocuteur colporte des commérages à propos d'autres personnes, il y a de fortes chances que vous soyez la prochaine sur la liste…

L'agresseur condescendant

L'agresseur condescendant est persuadé de tout savoir sur tout. Rien ne sert de débattre avec lui, il a déjà toutes les réponses à vos interrogations. Votre avis n'a pas d'importance. Il ne se remet jamais en question, balayant d'un revers de la main vos opinions si elles divergent des siennes. La manière dont il vous ignore ou vous rabaisse de manière subtile (et parfois pas si subtile que ça) peut entacher votre confiance en vous.

Lorsqu'il s'adresse à vous, le ton de sa voix est marqué par une certaine impatience, voire de l'irritabilité. Il vous coupe systématiquement la parole et poursuit systématiquement son idée. Il dégage de l'arrogance, ce qui peut lui donner un certain charme. Il ne discute pas avec vous, il s'adresse à vous. Généralement vos arguments contradictoires sont minimisés, voire carrément ignorés.

Ce type d'agresseur verbal a un ego surdimensionné et une excellente estime de lui-même. Mais vous vous rendrez vite compte qu'il s'agit de quelqu'un de très superficiel, qui a l'esprit fermé. Il est possible de rapidement le détecter à partir de ses expressions faciales, car il semble constamment vous mépriser. Vous pouvez généralement remarquer un petit rictus condescendant ou une expression de dédain sur son visage lorsqu'il s'adresse à vous.

L'agresseur sournois

Le sournois est l'un des agresseurs verbaux les plus dangereux. Il ressemble beaucoup à l'instigateur, mais il essaie de vous atteindre de manière plus subtile. Au lieu de le faire devant vous (comme le fait l'instigateur), il agit dans votre dos. Il sourit beaucoup quand il vous parle et acquiesce généralement à tout ce que vous dites, tout en essayant de recueillir des informations qu'il pourra ensuite utiliser contre vous. Il vous fait vous sentir tellement à l'aise avec lui que vous ne pouvez pas vous empêcher de vous confier librement à lui.

Il a tendance à réinterpréter ce que vous avez dit, mais en utilisant chaque fois une inclinaison négative. Par la suite, ces données mal interprétées sont partagées avec d'autres. Ce profil est à rapprocher du classique « passif-agressif ».

L'agresseur ambivalent

Quelle que soit votre attitude, vous faites toujours tout de travers face à ce type d'agresseur. Vous allez le croiser dans vos relations amoureuses, et même parfois il peut s'agir d'un parent face à un enfant. Dans ce cas l'interlocuteur vous donne une intense démonstration d'amour et, dans la minute qui suit, il vous met plus bas que terre. Cette dynamique de « montagnes russes émotionnelles » dans le cadre affectif et/ou familial peut être dévastatrice pour tous les protagonistes. Certaines relations perdurent sur ce modèle, mais elles ne sont pas saines ni épanouissantes. L'agresseur ambivalent ne vous déteste pas, même s'il vous l'a déjà dit à de nombreuses reprises dans des moments de colère ; en fait, il se définit comme passionné, très amoureux et proche de vous (parfois même, « il vous connaît encore mieux que vous-même », selon ses dires).

Émotionnellement déroutant, il est susceptible de vous déstabiliser. Son raisonnement est manichéen : les choses sont toutes noires ou toutes blanches, il n'y a pas de nuances de gris. Tout comme le virulent, ce profil d'agresseur est à rapprocher du célèbre « pervers narcissique ».

L'agresseur accusateur

Cet agresseur est un éternel critique, qui ne souligne que vos points négatifs. Souvent, lorsqu'une relation devient plus intime et que la distance sociale s'estompe, la dynamique du « tu ne fais rien comme il faut » peut apparaître. Généralement cette attitude est justifiée par le désir de vous aider à vous améliorer…

L'accusateur est en fait plutôt pessimiste et malheureux, il manque d'estime de lui-même. Le ton de sa voix traduit une certaine irritabilité, et, lorsqu'il s'adresse à vous, le compliment est rare et l'exaspération est de mise.

L'agresseur rageux

Ce profil d'agresseur est particulièrement incontrôlable, au point qu'il lui est difficile de s'adresser à quelqu'un sans lui hurler dessus. C'est un peu comme s'il s'agissait d'un volcan constamment en éruption : attention à ne pas être touché par sa lave, vous risqueriez d'en pâtir ! Quand il vous parle, les veines de son cou sont saillantes, le ton de sa voix est fort et ses propos plutôt acerbes. Évidemment le rageux est dominé par sa colère, et éprouve un besoin constant d'évacuer ce trop-plein émotionnel (certains hommes ou femmes politiques en sont d'excellents exemples).

L'agresseur obsessionnel

L'obsessionnel a besoin d'ordre et de contrôle dans sa vie, faute de quoi il lui est bien difficile de fonctionner. Il a du mal à entendre qu'il ne lui est pas possible de contrôler son interlocuteur. Et donc, débordé par la frustration, il a tendance à se mettre en colère et à devenir hostile verbalement. Il n'est pas du genre à jouer en équipe et éprouve des difficultés à s'entendre avec les autres, surtout dans un environnement professionnel. Ce type d'agresseur change souvent de travail, et son parcours est marqué par la déception car il n'est pas capable de « suivre le courant ».

Il s'agit là de l'un des agresseurs verbaux les plus difficiles à côtoyer, car il reste persuadé que sa vision est la seule valable. L'obsessionnel apparaît assez immature sur le plan émotionnel : si vous ne faites pas les choses à sa façon, il pique une crise de colère.

La raison pour laquelle ce profil d'agresseur cherche à garder le contrôle est qu'il lui est difficile de fonctionner dans un environnement qu'il ne maîtrise pas… Il est généralement reconnu pour son ton inflexible et emphatique. Il n'est pas vraiment dans l'échange, et a tendance à rejeter ou à contester tout ce que vous dites, surtout si vos propos ne vont pas dans son sens. Son discours est alors marqué par le commandement, voire les menaces.

L'agresseur culpabilisateur

Cet interlocuteur va systématiquement chercher à vous donner tort afin de bien prouver que lui a raison. Mais contrairement au rageux qui utilise la colère dans sa tentative de vous contrôler, lui va éprouver votre culpabilité. Il insiste sur le fait que vous avez commis une grosse erreur et que vous devriez vous sentir mal en réaction à cela. Dans la plupart des cas la réponse donnée est un flot d'excuses, car vous regrettez amèrement cette remarque désadaptée ou ce comportement blessant que vous avez pu avoir. Pourtant cela ne suffit pas à apaiser ce profil d'agresseur verbal ; il continuera à évoquer votre «crime» à un moment inopportun, afin de vous réexpliquer pourquoi il s'est senti aussi mal à cause de vous.

Il se positionne comme une victime permanente qui a le sentiment que tout le monde lui fait du tort. Il essaie de vous manipuler en ciblant vos points faibles émotionnels, cela afin de vous faire sentir aussi mal que lui. Le culpabilisateur vous en veut généralement pendant longtemps.

Lorsque vous entendez des phrases qui commencent par : « Pourquoi as-tu toujours… », « Ce que tu m'as fait… » ou « Pourquoi n'as-tu pas… », etc., méfiez-vous : vous êtes sans doute en face d'un interlocuteur dont le but est de vous rendre responsable d'un événement de sa vie qui le dérange. Son discours est sans nuance, les propos sont accusateurs et il peut même avoir recours aux larmes afin de vous faire culpabiliser pour ce que vous avez fait. Rien de ce que vous pouvez dire ne peut l'apaiser, car sa dynamique de disque rayé renvoie constamment l'échange sur « le malheur que vous lui avez causé ».

L'agresseur menteur

Cet agresseur verbal peut mentir pour différentes raisons. Parfois pour se faire mousser, afin de forcer le respect à son égard. Parfois par lâcheté, car incapable d'affronter les conséquences de ses actions délétères. Mais dans tous les cas il va tout faire pour que la vérité n'éclate pas au grand jour, car personne n'apprécie un menteur : personne n'aime être trompé, dupé ou escroqué.

Dans certains cas votre interlocuteur peut ne pas dire la vérité parce qu'il ne souhaite pas vous blesser. L'exemple classique est celui du bébé qui vient de naître : tous les proches des parents vont le trouver superbe, même s'il ressemble à un vieux shar-pei tout fripé. Cette forme de mensonge « social » peut être adaptée (à quoi bon se brouiller avec ses amis) et acceptable dans certains cas, il ne concerne pas notre propos.

Dans le cadre de l'agression verbale, notez que le menteur pathologique est extrêmement difficile à détecter. Restant humain cependant, il lui arrive de se tromper dans son propos, alléguant des faits différents d'une fois sur l'autre ou hésitant lorsque vous lui demandez de préciser certains détails. Si vous soupçonnez que la personne en face de vous ment, n'hésitez pas à vérifier ses dires auprès de son entourage et à vous procurer des preuves tangibles.

L'agresseur inexpressif

L'inexpressif fait partie des interlocuteurs les plus difficiles à côtoyer, car on ne sait jamais ce qu'il pense. C'est un peu comme s'il n'avait jamais aucune réaction, comme s'il ne réagissait pas. Qu'un immeuble s'effondre derrière lui ou qu'il gagne un million d'euros au loto, il reste de marbre, sans émotion visible. Échanger avec lui est très frustrant car vous ne savez pas ce qui lui passe par la tête, ou quel est son avis concernant une situation particulière.

Bien souvent, il s'agit d'un interlocuteur anxieux : craignant de dire des bêtises ou de blesser son contradicteur, il préfère se taire. L'inexpressif ne parle que quand on lui parle. Il est généralement dépourvu d'habiletés sociales, ce qui aggrave encore son manque de confiance en lui.

Mais, même s'il se présente calme et sans agressivité apparente, méfiez-vous ! L'agresseur inexpressif peut dans certains cas littéralement exploser et laisser échapper des émotions qui effraieraient le plus féroce de ses détracteurs. Soyez prudent face à quelqu'un qui reste calme lors d'une violente altercation verbale, dont le ton de voix est monocorde, qui vous regarde droit dans les yeux et qui ne laisse rien transparaître : c'est souvent un état précédant une agression physique.

Les onze agresseurs verbaux de niveau 2

L'agresseur inquisiteur
L'agresseur instigateur
L'agresseur condescendant
L'agresseur sournois
L'agresseur ambivalent
L'agresseur accusateur
L'agresseur rageux
L'accusateur obsessionnel
L'agresseur culpabilisateur
L'agresseur menteur
L'agresseur inexpressif

CHAPITRE 8

Évaluez l'agression

Il peut parfois vous arriver d'être agressé verbalement sans même vous en rendre compte. Lorsque vous le réalisez enfin, il est trop tard : il ne vous reste plus qu'à ruminer et à vous en vouloir de ne pas avoir réagi de manière adaptée (vous savez, les fameuses pensées toxiques qui vous assaillent : « J'aurais dû répondre ceci », « J'aurais dû faire cela »...). Vous pouvez même vous culpabiliser : pourquoi ne pas vous être défendu alors même que votre interlocuteur dépassait les bornes ? En apprenant à rester sur ses gardes face à d'éventuelles provocations, vous vous épargnerez pas mal de stress et de ruminations mentales.

Quel est le message ?

Comme nous l'avons vu précédemment, il est important de rester attentif à la manière dont votre interlocuteur s'adresse à vous (ton de la voix, langage corporel, mimiques...), mais il est tout aussi important d'écouter la totalité de ce qu'il vous dit ! Ce qui semble être une lapalissade est pourtant un élément essentiel de l'échange : vous devez prêter attention aux mots qui sortent de la bouche de votre éventuel agresseur, l'objectif n'est pas de discerner uniquement ce que vous souhaitez entendre ou ce que vous pensez (ou espérez) que ces mots signifient.

Stéphanie est dévastée lorsque Vincent la gifle violemment. « Comment a-t-il pu me faire ça ? Il n'y avait aucun signe d'hostilité avant-coureur. Il m'a agressée du jour au lendemain, sans aucune raison. Et il a cassé au passage une grande partie des meubles de la salle de bains… », explique la jeune femme en pleurs, le visage encore tuméfié. En effectuant un questionnement socratique[1], il est aisé de faire prendre conscience à Stéphanie qu'en fait Vincent lui avait annoncé à maintes reprises qu'il allait lever la main sur elle si elle continuait à lui tenir tête, si elle persistait à faire la sourde oreille à ses crises de jalousie (injustifiées par ailleurs).

Après une certaine période d'introspection, Stéphanie se souvient d'une conversation récente au cours de laquelle Vincent a perdu son calme et s'est mis à hurler qu'il ne supportait plus qu'elle adresse la parole à leur voisin. Le téléphone de la jeune femme était examiné, ses itinéraires vérifiés, ses mails relus… Elle a alors clairement fait part

1. Inspiré par la maïeutique de Socrate, le questionnement socratique tend à semer le doute dans les modes de pensée figés du sujet, pour relever les incohérences, les sources d'erreurs de jugement associés à ses émotions négatives. En modifiant le cadre de pensée du « problème », le questionnement socratique fait émerger de nouvelles idées ou options dont la cohérence va être ensuite examinée. Une écoute attentive est nécessaire à la formulation de questions constructives. En posant des questions, cela permet à l'interlocuteur d'examiner différentes perspectives par rapport à l'hypothèse qui est la sienne et d'en dégager les conséquences. C'est le principal outil utilisé en thérapie cognitive. Cela permet une restructuration cognitive.

de son indignation et de son désir de mettre un terme à ce qu'elle qualifiait de véritable « harcèlement moral » ; son compagnon lui a alors « vivement conseillé de ne plus jamais lui tenir tête, faute de quoi elle le paierait cher » !

Si Stéphanie avait vraiment prêté attention au discours de son compagnon, elle aurait sans doute été plus vigilante. Elle pensait que ce dernier « ne cherchait qu'à l'impressionner lorsqu'il lui a posé un ultimatum ». Tout comme Stéphanie, il est classique de penser que l'interlocuteur bluffe lorsqu'on entend des propos agressifs et/ou choquants. On a alors tendance à mettre de côté notre réaction émotionnelle primaire, ignorant le message et le rejetant comme une simple plaisanterie.

On ne peut pas croire qu'une telle violence pourrait être mise à exécution. Mais dans les faits, lorsqu'une menace est proférée, mieux vaut la prendre en compte, après il sera trop tard. Pour Stéphanie, il était trop tard. Elle a vite compris à ses dépens qu'il n'y avait rien de fantaisiste dans les propos de Vincent… Sans aller jusqu'à ce cas extrême de violence conjugale, lorsque votre interlocuteur fait une remarque acerbe à votre encontre, cela révèle ses sentiments négatifs envers vous. Même s'il s'agit en apparence d'une déclaration hostile ponctuelle, il vous fait part d'une vérité. Et généralement, lorsque cet agresseur verbal lit de la colère ou de la consternation sur votre visage, il enchaîne avec un « Mais enfin, tu sais bien que je plaisante… » En résumé, il vous attaque, vous accusez le coup, et, en reconsidérant son propos comme un trait d'humour, il vous prive de votre chance de riposter ou de répliquer.

Ces paroles malveillantes continueront cependant de résonner en vous un long moment, tout comme un comportement physiquement violent. « Je plaisantais » peut également être considéré comme une agression : dans bon nombre de cas, votre interlocuteur met en exergue un de vos défauts ou un trait de votre caractère qu'il n'apprécie pas, puis il savoure cette provocation en profitant de votre embarras.

Cette attitude est commune, et il est classique de dire que la victime qui ne réplique pas a du fair-play. Mais il n'y a rien de fair-play à se faire agresser verbalement puis à sourire face à une telle attaque, surtout si les mots vous blessent. Il est alors nécessaire de bien analyser la violence du propos.

« Blagues » courantes et leur véritable signification	
Humour : « Prends encore un cookie, c'est bon pour ta taille de guêpe ! »	Traduction : « Tu ressembles à une grosse vache, arrête de bouffer des sucreries. »
Humour : « Tu viens de te lever ? »	Traduction : « Tu ne ressembles à rien. »
Humour : « Mais jamais ils ne te laisseront rentrer comme ça, tu vas te faire pointer à l'entrée ! »	Traduction : « Tu es trop mal habillé pour cet endroit sélect, tu me fais honte. »
Humour : « Ne te casse pas une jambe ! » (Après avoir annoncé à votre interlocuteur que vous partiez une semaine au ski).	Traduction : « Je suis jaloux. »
Humour : « Mais où as-tu trouvé ce pull ? Dans une friperie ? »	Traduction : « Je trouve ce pull affreux, tu n'as aucun goût pour t'habiller. »
Humour : « Tu as cambriolé une banque pour t'acheter cette voiture ? »	Traduction : « Comment quelqu'un d'aussi minable que toi a bien pu trouver l'argent pour s'acheter une telle voiture ? »
Humour : « Généralement les choses ont tendance à s'améliorer avec le temps... mais malheureusement pas pour toi ! »	Traduction : « Tu es un véritable looser. »

Quel est le niveau de confiance de l'agresseur ?

Si votre interlocuteur a naturellement tendance à se vanter, prenez cela en compte. Muhammad Ali répétait qu'il était le plus grand, qu'il « volait comme le papillon et piquait comme l'abeille ». Et il est considéré encore aujourd'hui comme le meilleur boxeur de tous les temps.

Même si vous pensez que l'individu en face de vous est imbu de lui-même et qu'il s'agit simplement d'un gros vantard, son attitude traduit tout de même une grande confiance en lui. Bien sûr, bon nombre de personnes ont un ego surdimensionné qui n'a rien à voir avec leur niveau réel de capacités. Mais malgré tout, restez attentif à l'opinion que votre agresseur verbal a de lui-même. Cela peut traduire *a minima* une vantardise démesurée, mais cela peut également être un signal d'alerte vous mettant en garde : ne sous-estimez jamais votre adversaire !

You're next !

Si quelqu'un manque constamment de respect aux autres, vous pouvez être assuré que vous êtes le prochain sur sa liste. Certains individus ne peuvent communiquer avec leur entourage qu'en dénigrant une tierce personne. Cela leur donne l'impression qu'ils valent mieux que cette dernière, et qu'ils ont une certaine supériorité vis-à-vis d'elle. C'est d'ailleurs la raison pour laquelle certaines émissions de téléréalité ont tant de succès : si l'on voit quelqu'un de plus misérable, de plus bête, de moins instruit que soi à la télévision et que l'on partage en riant cet état de fait avec d'autres (amis, réseaux sociaux...), on a l'impression que notre quotidien n'est pas si sombre...

En réalité, cela traduit certains conflits émotionnels intérieurs qui n'ont pas été résolus : le fait de rabaisser constamment les autres pour se construire est généralement le fait de quelqu'un de malheureux et d'isolé. Sourire en façade et coup de poignard dans le dos caractérisent le profil de ce type d'agresseur. Donc, si votre interlocuteur critique systématiquement untel ou untel en vous prenant à témoin, ne soyez pas dupe : *you're next* !

Regardez au-delà du discours

Dans sa tentative de préserver un lien social, de ne pas faire de vagues ou de vous apaiser, il peut arriver à votre interlocuteur de vous adresser un commentaire convenu dont vous percevez la fausseté. Il s'agit alors d'un propos conventionnel à la signification totalement factice. Après avoir parcouru les chapitres précédents de cet ouvrage, il vous est à présent possible de lire les signaux corporels, faciaux et vocaux permettant de déterminer les véritables intentions de la personne qui se tient en face de vous.

Lorsque vous entendez l'une des phrases standards de la liste (non exhaustive) qui suit, redoublez d'attention et intéressez-vous aux manifestations non verbales de votre agresseur potentiel : méfiez-vous d'un sourire pincé, d'une mimique inadaptée, d'un ricanement forcé, d'un regard froid, d'une posture rigide, d'un ton monocorde... lors d'une tentative d'apaisement.

Expressions souvent verbalisées mais rarement sincères (qui doivent vous alerter)

Ne t'en fais pas.
Ce n'est pas grave.
Il n'y a aucun problème.
Ne te prends pas la tête avec ça.
Tout va bien se passer.
Cela ne me dérange pas du tout.
Je m'en fiche, vraiment.
Bien sûr, vas-y.
Je suis vraiment désolé.
C'est ma faute.

Les mots sont des armes

Dans l'Antiquité, Méandre écrivait déjà que : « Comme l'épée blesse le corps, les paroles blessent l'âme. » Ainsi, des propos délétères sont susceptibles de vous meurtrir émotionnellement sur le long cours. Le Comité national des violences intrafamiliales met en exergue six types de violences psychologiques (pouvant être associées) auxquelles un enfant peut être soumis. Mais à bien y regarder, on peut tout à fait en être victime même si l'on est adulte. Par ailleurs, assister aux violences conjugales sans en être directement victime est aussi considéré comme une violence psychologique.

Les six types de violences psychologiques[1]

1. Le **rejet** (critiquer, hurler, faire honte, humilier, injurier, tourner en ridicule les émotions normales, punir exagérément).
2. L'**isolement** de la famille, des autres enfants...
3. Le **manque d'attention** ou le refus de réponse affective : il concerne plus particulièrement les jeunes enfants et inclut l'inadaptation aux soins, des demandes inappropriées au regard de l'âge de l'enfant.
4. La **terreur** : menacer d'abandon en tirant parti des peurs ou des vulnérabilités de l'enfant, menacer pour garder un secret, placer l'enfant dans des contextes terrifiants.
5. La **corruption** : impliquer ou exposer l'enfant à des activités criminelles mais aussi à des pratiques ne tombant pas sous le coup de la loi, comme l'imposition de restriction d'apprentissage ou l'hyperstimulation en vue de performance scolaire, artistique ou sportive.
6. L'**exploitation** ou l'inversion des rôles : obliger l'enfant à s'occuper d'un parent, d'un autre enfant, ou à effectuer des tâches domestiques disproportionnées au regard de son âge ou par rapport aux autres enfants de la fratrie.

Dans le cadre de ces violences psychologiques, certaines remarques et certains reproches peuvent être lourds de conséquences :

– « Tu es terrible, qu'est-ce qu'on va bien pouvoir faire de toi ? »
– « Change de tenue, tu es affreux comme ça. »
– « Tu es pathétique. Tu ne fais rien de bien. »
– « Tu es tellement stupide. Tu n'écoutes jamais ce qu'on te dit ? »

1. https://cnvif.fr/.

– « Tu me déçois tellement… Tais-toi, c'est ce que tu fais de mieux. »
– « Si j'avais su à quel point tu serais un problème, je ne t'aurais jamais eu. »
– « Va-t'en et ne remets plus un pied ici ! »
– « Tu vas me rendre malade/fou. »
– « Tu as toujours tort. »
– « Qui t'a demandé ton avis ? »

De telles réflexions sont parfois prononcées de manière totalement inconsidérée, mais elles ont des répercussions importantes et durables sur la confiance en soi. Adulte, il est possible d'être victime de ce genre de propos, particulièrement dans le domaine professionnel… Si vous avez déjà eu affaire à un patron menaçant qui est persuadé qu'un bon coup de pied aux fesses vaut mieux qu'une accolade, vous voyez très bien ce que je veux dire.

Les raisons qui peuvent pousser votre interlocuteur à lancer de telles attaques verbales peuvent être très nombreuses. Néanmoins, il s'agit généralement d'un sentiment de supériorité qu'il éprouve dans une situation donnée. Prenons un exemple : votre collègue le plus proche a obtenu une promotion au travail. Ce qui fait qu'il est à présent à la tête d'une équipe auparavant composée de ses collaborateurs directs. Il se rend alors compte de ses potentialités, de sa valeur. Après tout, c'est ce qui lui a valu ce nouveau poste ! Mais il se met progressivement à tenir des propos blessants justement parce qu'il commence à remarquer le manque de rigueur de ses subordonnés. Lorsque vous faites part de vos difficultés professionnelles à votre ami d'antan, sa réponse devient machinale : « De toute façon, tu devrais y mettre un peu du tien si tu ne veux pas te retrouver viré d'ici peu ! » Parfois, il souffre même d'un sentiment de supériorité chronique. Parfois, il peut avoir tendance à vous blesser parce qu'il utilise publiquement des confidences que vous lui avez faites.

Dans tous les cas, prenez garde à la portée de vos propos, et si votre agresseur vous blesse, n'hésitez pas à privilégier un comportement affirmé (comme cela est décrit dans la suite de cet ouvrage).

La violence verbale, sournoise et malfaisante

Dans certains cas vous n'êtes même pas conscient que vous avez été agressé verbalement. Cette violence est souvent insidieuse, semblable à une émanation de gaz carbonique qui remplit lentement la pièce et finit par vous empoisonner. Vous vous rendez compte que quelque chose ne va pas, mais vous n'y prêtez pas attention, pensant que cela va disparaître tout seul. Cependant la sensation de malaise ne s'estompe pas, et à terme vous en pâtissez.

Je vous propose dans la section suivante un petit quiz pour vous aider à savoir si vous avez été exposé à de la violence verbale. Comme l'émanation de monoxyde de carbone, une telle agression peut se distiller petit à petit, jusqu'à vous porter atteinte. Elle peut même déjà avoir affecté votre équilibre physique ou votre bien-être émotionnel, car cette nuisance est hautement transmissible.

QUIZ.
Êtes-vous exposé à de la violence verbale ?

Ce quiz va vous aider à déterminer votre degré d'exposition à la violence verbale. Répondez aux questions suivantes par « oui » ou « non », puis lisez l'analyse des résultats.

1. Vous a-t-on déjà intimé l'ordre de nier ou de minimiser vos émotions (par exemple : « Ne pleure pas », « Fais attention de ne pas grimacer », « Arrête de t'énerver pour rien », « Calme-toi »...) ?
2. Vous a-t-on déjà dit à quel point vous étiez merveilleux, puis dans la phrase suivante à quel point vous étiez minable ?
3. Quelqu'un vous a-t-il déjà coupé la parole en critiquant vivement vos propos (par exemple : « Jamais tu ne seras capable d'accomplir ceci », « Tu te prends pour qui ? », « C'est l'idée la plus stupide que j'aie jamais entendue ») ?
4. Vos propos ont-ils déjà été systématiquement remis en cause par votre interlocuteur, alors même que vous aviez entièrement raison, preuves à l'appui ?
5. S'est-on déjà moqué de vous de manière violente, votre interlocuteur s'entêtant dans son humour douteux même si vous vous êtes montré très contrarié, voire peiné ?
6. Avez-vous déjà eu l'impression que votre interlocuteur faisait preuve de sadisme, éprouvant alors de la satisfaction à vous voir émotionnellement blessé ou bouleversé ?
7. Vous êtes-vous déjà senti directement menacé par quelqu'un ?
8. Avez-vous été ridiculisé par une personne après lui avoir confié un secret ? Cette personne vous a-t-elle taquiné à ce sujet et vous l'a-t-elle renvoyé en plein visage au moment où vous vous y attendiez le moins ?
9. Votre interlocuteur a-t-il trahi votre confiance en partageant votre secret avec d'autres ?

10. Votre interlocuteur s'est-il adressé à vous d'un ton hostile, franchement agressif, voire furieux ?
11. Votre interlocuteur a-t-il détourné le regard lorsque vous avez parlé ou lorsqu'il s'est adressé à vous ?
12. Votre interlocuteur s'est-il éloigné de vous lorsque vous avez essayé de lui parler ?
13. Votre interlocuteur vous a-t-il caché des informations ou a-t-il omis de vous donner des détails importants ?
14. Votre interlocuteur essaie-t-il régulièrement d'avoir « une longueur d'avance » et de constamment vous surpasser ? Avez-vous l'impression qu'il se positionne en rival ?
15. Vous êtes-vous déjà senti mal en public à cause de votre interlocuteur ? Celui-ci vous contredit-il régulièrement devant les autres ou tente-t-il de tourner en ridicule ce que vous énoncez à votre auditoire ?
16. Votre interlocuteur vous a-t-il déjà fait une remarque blessante et/ou choquante, en précisant immédiatement après « qu'il plaisantait ? »
17. Votre interlocuteur donne-t-il toujours l'impression de vous accuser ou de vous blâmer en faisant des réflexions du style : « Tu n'as jamais... », « Tu as toujours... », « C'est de ta faute si... », « Tu ferais mieux de... » ou « Pourquoi n'as-tu jamais... » ?
18. Votre interlocuteur donne-t-il l'impression de constamment chercher à provoquer une dispute entre vous ?
19. Votre interlocuteur vous insulte-t-il, ou utilise-t-il des termes grossiers en s'adressant à vous ?
20. Votre interlocuteur donne-t-il l'impression de systématiquement vous critiquer, vous rappelant régulièrement vos échecs sans jamais évoquer vos succès ?
21. Votre interlocuteur vous donne-t-il des surnoms que vous n'appréciez pas, tout en sachant que cela vous déplaît ?
22. Votre interlocuteur vous rappelle-t-il régulièrement vos erreurs, sans jamais vous laisser tourner la page ?

23. Votre interlocuteur vous donne-t-il des ordres au lieu de formuler des demandes lorsqu'il s'adresse à vous ?
24. Votre interlocuteur parle-t-il si doucement que vous ne pouvez pas l'entendre, alors même que le ton de sa voix est parfaitement audible lorsqu'il s'adresse aux autres ?
25. Votre interlocuteur hurle-t-il lorsqu'il vous parle, alors même que le ton de sa voix est parfaitement adapté lorsqu'il s'adresse aux autres ?
26. Votre interlocuteur est-il toujours pressé ou doit-il se rendre à un rendez-vous urgent chaque fois que vous souhaitez lui parler ?
27. Votre interlocuteur répond-il à vos questions par d'autres questions, sans jamais vous donner de réponse directe ?
28. Est-il impossible d'avoir un réel échange avec votre interlocuteur ? Est-ce que ses réponses se limitent à « Oui » ou à « Non » ?
29. Est-ce que votre interlocuteur cherche à vous culpabiliser ?
30. Est-ce que votre interlocuteur vous rabaisse constamment ou vous embarrasse devant les autres ?
31. Votre interlocuteur ignore-t-il, écarte-t-il ou rejette-t-il vos propos ?

Évaluer votre exposition à la violence verbale

Si vous pouvez répondre « oui » à l'une des 31 questions énumérées ici, alors vous avez certainement été exposé à de la violence verbale. Ce faisant, vous commencerez à voir un modèle émerger. Vous pouvez à présent percevoir le profil de personnes qui peuvent être jalouses de vous ou se sentir mal à l'aise en votre compagnie. Vous constaterez peut-être que vous vous retrouvez maltraité par certains membres de votre famille et pas par d'autres. Vous noterez sans doute que vous avez été davantage agressé verbalement au cours de votre enfance ou de votre adolescence. Et vous allez vite vous rendre compte que les individus toxiques pour vous ont un profil similaire !

CHAPITRE 9

L'affrontement verbal

Dans les chapitres précédents, nous avons abordé les clés vous permettant d'identifier les intentions de votre interlocuteur, d'évaluer votre posture ainsi que l'intensité de l'agression éventuelle. Ces techniques d'observation vous seront utiles pour étudier le comportement d'un éventuel agresseur, et pour analyser votre propre manière de réagir en situation de conflit ; vous voici à présent apte à anticiper un minimum les choses.

N'oubliez pas que l'objectif global est de maîtriser l'arme la plus puissante que l'on puisse imaginer, celle qui peut vous garantir la victoire lors d'une agression verbale. C'est un outil si précieux que votre adversaire ne pourra jamais le mettre hors d'état de nuire à partir du moment où vous l'entretenez correctement. Cette arme est la confiance en soi !

Pour l'acquérir, il est nécessaire d'assimiler certaines stratégies verbales et non verbales. Et bien entendu, il est important de rester attentif aux signaux marquant le terme de l'affrontement verbal, car ce sont eux qui vont déterminer la fin de l'échange ou le début de l'affrontement physique.

Avant de monter sur le ring

Vous devez être prêt à tout dans un contexte de self-défense verbale. Et cela même si vous n'êtes absolument pas à la recherche d'un conflit, d'une dispute ou de problèmes relationnels. Prenons un exemple concret : vous sortez pour promener votre chien, et un automobiliste vous insulte parce que vous n'avancez pas assez vite sur le passage piéton. Vous vous rendez ensuite à la boulangerie pour acheter du pain et une dame vous hurle dessus en prétendant être arrivée avant vous, ce qui est faux. Puis vous vous asseyez à la terrasse d'un café et vous commandez un cappuccino, histoire de vous détendre un peu, mais votre voisin de table crie au téléphone pendant tout votre moment de pause. Et comme un fait exprès, les situations stressantes s'enchaînent tout au long de votre journée…

Tout comme le boxeur, le combattant de MMA ou le karatéka doivent s'entraîner régulièrement avant de pénétrer dans l'aire de combat, il est nécessaire pour vous de faire de même sur le plan des stratégies de communication. Ces champions ont un régime d'exercice physique quotidien qui nécessite des étirements et un renforcement musculaire. Ils pratiquent tous les jours afin de devenir plus forts, plus souples et plus confiants dans leurs capacités physiques. Tout comme eux, vous devez vous astreindre à un programme régulier d'exercices psychologiques qui vous prépare à affronter un quelconque interlocuteur agressif. Il est donc important pour vous de développer des compétences de communication spécifiques, de travailler certains exercices de posture, de respiration, de placement de voix, de prononciation, afin de devenir plus efficient et plus confiant dans votre rapport aux autres.

S'entraîner *via* l'imagination et l'anticipation

Il est important de vous entraîner à discourir avec un interlocuteur agressif. Vous devez donc, avant même de vous retrouver face à lui, vous imaginer en train de lui parler. Essayez d'élaborer tous les scénarios possibles dans votre esprit. Ensuite, quand viendra le moment pour vous d'affronter la situation réelle, ce ne sera plus qu'un jeu d'enfant. Vous aurez déjà répété quoi dire dans tel ou tel cas de figure, ce qui vous permettra de maîtriser vos émotions lorsque vous monterez sur le ring verbal.

Essayons ensemble : alors même que vous lisez ces quelques lignes, imaginez-vous demander en mariage la personne que vous aimez. Écoutez-la dire « oui »… Écoutez-la dire « non »… Enfin, troisième scénario, écoutez-la dire « peut-être »… Et envisagez votre réaction dans chacun des cas.

Maintenant, toujours en imaginant, demandez à votre patron une augmentation. Imaginez-vous assis en face de lui, dans son bureau. Vous vous tenez dans une posture confiante, vous le regardez dans les yeux en disant : « M. Duchemin, je travaille dans votre entreprise depuis plus de cinq ans et j'ai permis à celle-ci de gagner plusieurs dizaines de milliers d'euros. C'est la raison pour laquelle je souhaiterais aborder avec vous la possibilité d'augmenter mon salaire. »

Essayez de vous représenter, écoutez-vous, rejouez plusieurs fois ce scénario dans votre tête. Passez en revue la scène et prenez conscience que plus vous la revivez et plus votre confiance en vous augmente. Faites-le encore et encore, jusqu'à ce que vous soyez exempt de tout bégaiement et de toute hésitation. Restez fidèle à ce que vous voulez dire jusqu'à ce que la scène soit mémorisée. Pratiquez jusqu'à ce que cela devienne une seconde nature pour vous. Maintenant, visualisez votre attitude si votre patron dit « oui », puis votre réaction et votre réponse s'il dit « non » ou « peut-être ». Ainsi, au moment où vous vous retrouverez devant lui pour lui demander une augmentation, vous serez préparé à 150 % !

Utilisez cette stratégie pour vous entraîner à affronter un interlocuteur agressif, un inconnu qui vous interpelle méchamment ou qui vous cherche des noises. Après avoir examiné tous les scénarios possibles dans votre esprit, vous établirez des stratégies vous permettant de faire face et d'éviter le conflit.

Face au miroir

La meilleure façon de pratiquer la stratégie de conversation en imagination est de vous regarder dans un miroir. De cette façon, en vous parlant à vous-même, vous prendrez conscience de vos expressions faciales, de votre posture, du ton de votre voix et de la façon dont les autres vous voient. Vous pouvez même vous filmer avec votre téléphone pendant que vous répétez les différents scénarios. Cela peut vous aider à vous évaluer en fonction des différents niveaux de colère ou d'excitation.

Pourquoi ne pas pratiquer cette technique dès le matin, lorsque vous vous regardez dans le miroir pour vous raser ou vous maquiller ? Pourquoi ne pas prendre quelques minutes pour rejouer une situation anxiogène ? Vous pouvez même le faire dans votre voiture lorsque vous êtes seul, ou dans votre bureau lorsque personne ne vous dérange.

Savoir quand riposter

Ce n'est que lorsque vous commencez à bien vous connaître que vous éprouvez une certaine confiance en vos décisions et en vous-même. Vous êtes alors conscient de vos limites, et vous évaluez avec plus de justesse quand prendre les choses en main et quand riposter.

Pour vous sentir plus à l'aise dans ce cas de figure, pensez à toutes les fois où vous êtes resté passif face à un interlocuteur agressif. Souvenez-vous de ce que vous avez ressenti immédiatement après, deux heures plus tard, le soir même dans votre lit (éventuellement victime de ruminations, de troubles du sommeil, voire de cauchemars), ou quand vous vous êtes levé le lendemain matin. Dans ce contexte, essayez de décrire autant de situations différentes qui vous reviennent en tête et au sein desquelles vous avez été victime de violences verbales sans réagir immédiatement, suivant le modèle de ce tableau.

Contexte	
Tout de suite après	
Deux heures après	
Le soir même	
Deux jours plus tard	
Une semaine plus tard	
Un mois plus tard	
Un an plus tard	

Ruminez-vous tout de suite après les faits ? Si c'est le cas, cela est tout à fait normal. Il faut quelques minutes pour digérer une agression verbale. Vous auriez probablement préféré répondre quelque chose d'offensif en retour, mais il est trop tard et vous n'avez pas réussi à répliquer comme vous l'auriez souhaité. Le fait de lâcher prise et de passer à autre chose ne se fait pas dans l'immédiateté. Si l'agression verbale vous travaille encore deux heures plus tard, cela commence à être problématique, car il s'agit là d'une perte de temps, temps que vous auriez pu occuper à penser à des choses plus positives et productives.

Si les ruminations vous empêchent de vous endormir ou perturbent la qualité de votre sommeil, cela peut devenir nocif pour vous. Surtout si ces ruminations sont associées à des brûlures d'estomac, à des douleurs abdominales, à des vomissements ou encore à des tics (comme le fait de se ronger les ongles, de s'arracher les cheveux ou de se gratter la peau jusqu'au sang). Le fait de n'avoir pas riposté de manière adaptée vous affecte sur le moyen terme psychiquement et physiquement. Et si ce genre de situation se reproduit à plusieurs reprises, cela peut entraîner une sorte de « sidération apprise » qui peut vous affecter ; ce comportement d'évitement face au conflit est alors source de souffrance.

Si les pensées négatives concernant la situation conflictuelle vous assaillent dès le matin qui suit et que cela est associé à un certain mal de tête, voire à des nausées, cela signifie que tout votre système nerveux autonome est encore sollicité. Et il y a de fortes chances que cela vous torture encore au cours de la journée. Vous vous retrouvez durablement affecté par cette fichue incapacité à gérer la situation conflictuelle.

Deux jours se sont écoulés et vous subissez toujours cette torture mentale. Chaque fois que vous pensez à ce qui s'est passé, vous ressentez un certain malaise et votre visage traduit une nette tension et une colère contenue. Vous avez probablement expliqué à tout votre entourage ce qui s'est passé, dans le but d'obtenir du soutien et de ne pas avoir à porter ce lourd fardeau tout seul. Certaines des personnes à qui vous vous livrez sont de votre côté ; vous avez tendance à vous disputer avec celles qui vous font des reproches. Vous vous retrouvez à présent face à deux problèmes : l'échange verbal qui vous a traumatisé et la déception concernant ceux que vous considériez comme des alliés inconditionnels.

Les jours passent, et cela fait maintenant une semaine que vous ruminez cette agression verbale ; vous pensez toujours à ce que vous auriez pu ou ce que vous auriez dû faire lorsque votre interlocuteur vous a violemment interpellé. Ces pensées intrusives sont accompagnées de céphalées, de douleurs digestives et dorsales. Vous vous rendez littéralement malade et cela devient obsessionnel. C'est peut-être le moment de consulter un thérapeute pour vous aider à passer le cap…

Be aware and be self-confident !

La première chose à faire face à une situation d'agression verbale est d'éviter : il faut affronter le problème. Si vous ne le faites pas, vous risquez d'être dans une dynamique de souffrance chronique, comme cela est décrit plus avant. C'est un peu comme dans les arts martiaux, où il est nécessaire de rester vigilant afin d'anticiper tout mouvement agressif de votre adversaire. Ainsi, il vous est possible de bloquer une éventuelle attaque et de déséquilibrer votre assaillant en reculant ou en avançant. Cela est vrai aussi dans les arts verbaux. Vous devez rester en alerte à tout moment : « *Be aware !* », dirait Jean-Claude Van Damme !

Il est temps de travailler sur l'affirmation de soi ! Il est temps de vous faire respecter et – le plus important – de vous respecter vous-même. Cela fait partie du concept plus large d'estime de soi. L'estime de soi est la valeur globale que vous accordez à vous-même : « Qu'est-ce que je vaux ? Qu'est-ce que je mérite ? » Peu importe ce que vous faites, où vous êtes, avec qui vous êtes, cette valeur intérieure est comme une marque indélébile qui vous accompagne en permanence. Elle évolue rarement, que ce soit en bien ou en mal, mais il reste possible de la transformer avec le temps et les efforts appropriés.

Je reviendrai sur la confiance en soi un petit peu plus loin, mais il est important de souligner qu'elle est liée à nos compétences, à ce que l'on maîtrise ou non. La confiance en soi est toujours limitée à un domaine en particulier. Par exemple, si vous avez un très bon niveau en dessin, vous pouvez être confiant en vos capacités d'artiste. Cela dit, vous pouvez être timide et donc pas très serein dans le domaine des relations sociales… Ainsi, nous pouvons être confiants dans un domaine, et pas dans un autre. Pour optimiser notre potentiel, nous avons besoin de travailler sur nos compétences puis de voir le résultat de nos efforts, soit parce que les autres nous le font remarquer soit parce que nous percevons que nos capacités s'améliorent (soit les deux).

Différencier l'estime de soi et la confiance en soi

En résumé, l'estime de soi est liée à des *valeurs intrinsèques* (qualités ou défauts perçus, croyances sur soi-même…) alors que la confiance en soi est liée à des *valeurs extrinsèques* (compétences ou comportements dans tel ou tel domaine, retours des autres...). Plus précisément, l'estime de soi est un état interne qui prend sa source dans la compréhension de soi, l'amour de soi et l'acceptation de soi.

Comme nous l'avons vu, l'estime de soi ne change pas avec le temps. Tout simplement parce qu'elle n'est mesurée que par nous-mêmes, peu importe ce que les autres peuvent dire ou faire. Ainsi, elle ne change pas facilement ni rapidement, peu importe les événements extérieurs. Toutefois, si l'on accorde trop d'importance à nos erreurs ou à nos difficultés, cette estime de soi peut se détériorer car nous nous persuadons alors d'être « défectueux ».

Avoir une bonne estime de soi signifie que vous acceptez ce qu'il y a de bien pour vous. Vous ressentez alors au plus profond de vous-même que vous méritez le bonheur, la santé, la richesse, le succès et l'amour, peu importent les difficultés que vous traversez actuellement, peu importent les déceptions que vous avez ressenties ou l'opinion des autres. Vous acceptez ce que vous êtes, avec vos défauts, vos faiblesses et vos limitations. Vous reconnaissez votre vraie valeur : la vôtre, en tant qu'individu, ici et maintenant, à cet instant précis.

Avec une solide estime de soi, le scénario décrit plus avant devient improbable : lorsqu'un soldat est engagé dans une bataille, attend-il deux heures, une semaine, un mois ou un an pour faire face à l'ennemi qui l'attaque ? Bien sûr que non ! Sa vie serait en jeu s'il n'affrontait pas la situation immédiatement.

Faire un choix

Le soldat fait donc des choix, mais il doit les faire en une fraction de seconde. Sa décision est déterminante : il peut courir pour sauver sa vie, il peut se cacher, il peut riposter ou il peut utiliser une grenade et tout réduire en miettes ; un autre choix s'offre à lui, celui de ne rien faire et de mourir au combat. La stratégie de self-défense verbale ne diffère pas beaucoup de celle utilisée par le soldat. Vous, tout comme lui, devez faire un choix – et un choix immédiat en plus (Chaloult, 2014) ! Ainsi vous pouvez opter pour :

- un comportement **affirmé, assertif** (qui correspond à la capacité d'exprimer vos émotions, vos pensées et vos opinions afin de défendre vos droits tout en respectant ceux de votre interlocuteur, cela de façon directe, honnête et appropriée) ;
- un comportement **soumis ou passif** (qui se caractérise par l'incapacité à exprimer vos émotions, vos désirs et vos opinions, ou à le faire de façon indirecte, inappropriée et au détriment de vos propres droits, avec les risques que cela comporte, comme nous l'avons vu précédemment) ;
- un comportement **agressif** (qui se manifeste par l'expression de vos émotions, de vos désirs et de vos opinions, ainsi que par la défense de vos droits, parfois au détriment des droits de votre interlocuteur, et ce de façon le plus souvent directe mais presque toujours inappropriée, avec le risque d'une escalade de violence verbale qui peut déraper vers une violence physique) ;

– pour un comportement **manipulateur** (qui se caractérise par l'expression de vos émotions, de vos désirs et de vos opinions dans le but de défendre vos droits et de satisfaire vos besoins, mais de façon toujours indirecte et souvent malhonnête, généralement au détriment des droits de votre interlocuteur). Ce comportement manipulateur est également appelé passif-agressif ; c'est une forme de communication qui n'est pas très saine.

Le **passif-agressif** craint la réaction négative de son interlocuteur et préfère acquiescer à toute demande qui lui est adressée, même si elle ne lui semble pas raisonnable. Il préfère éviter la confrontation et passer ainsi pour le « bon gars », plutôt que de s'attaquer directement au problème. Il est souvent convaincu qu'une relation doit être dépourvue de tout conflit. Toutefois, les conséquences d'un tel comportement sont souvent néfastes, les gains immédiats se traduisant rapidement par des difficultés à long terme. Les problèmes réels ne sont jamais abordés, et la personne agissant ainsi n'est pas forcément consciente qu'il s'agit d'un jeu malsain. Pour éviter de tomber dans le piège de l'agressivité passive, il faut bien se connaître. On ignore souvent qu'on se comporte ainsi et on se retrouve alors à jouer la victime sans admettre sa part de responsabilité. En plus de cette prise de conscience, il faut apprendre à maîtriser ses émotions et à exprimer ses sentiments de manière claire, respectueuse et, bien entendu, non violente. Il est certain que le jeu en vaut la chandelle : c'est un problème dont on n'est pas toujours conscient, mais qui peut expliquer de nombreux dysfonctionnements relationnels.

Affirmé	
Comportement	- Exprimer ses pensées, ses émotions. - Défendre ses droits. - Respecter les droits des autres. - Agir de façon directe, honnête, et appropriée.
Intentions	Communiquer
Causes	- Désir d'établir une communication saine avec l'entourage. - Volonté de faire valoir ses droits de manière appropriée.
Avantages immédiats	- Satisfaction. - Fierté.
Ce que ressent l'individu qui adopte ce comportement	- Confiance en soi. - Respect et estime de soi.
Ce que ressent l'entourage vis-à-vis de ce comportement	- Respect. - Valorisation.
Ce que ressent l'entourage vis-à-vis de l'individu qui adopte ce comportement	- Confiance. - Estime. - Respect.
Autres conséquences à plus long terme	- Amélioration des relations interpersonnelles. - Amélioration de la qualité de vie à tous les niveaux.

	Passif
Comportement	- Ne pas exprimer ses pensées, ses émotions, ses opinions. - Le faire de façon indirecte ou inappropriée. - Agir au détriment de ses propres droits.
Intentions	Plaire
Causes	- Désir d'éviter un conflit à tout prix. - Mauvaise compréhension du sens des responsabilités. - Manque d'information. - Manque d'habileté sociale. - Méconnaissance de ses droits. - Influence socioculturelle. - Apprentissage par renforcement positif. - Réticence à perdre certains bénéfices secondaires.
Avantages immédiats	- Évitement des situations déplaisantes mais nécessaires. - Évitement des conflits, de la tension et de la confrontation.
Ce que ressent l'individu qui adopte ce comportement	- Anxiété. - Déception, perte d'estime de soi. - Début possible de colère et de ressentiment.
Ce que ressent l'entourage vis-à-vis de ce comportement	- Culpabilité. - Supériorité.
Ce que ressent l'entourage vis-à-vis de l'individu qui adopte ce comportement	- Perte d'estime de l'autre. - Irritabilité. - Pitié possible.
Autres conséquences à plus long terme	- L'individu n'obtient pas ce qu'il désire. - Accumulation d'agressivité.

Agressif	
Comportement	- Exprimer ses pensées, ses émotions, ses opinions. - Défendre ses droits. - Agir au détriment des droits des autres.
Intentions	Dominer et/ou humilier
Causes	- Sentiment de vulnérabilité. - Croyances erronées concernant l'affirmation de soi. - Conséquences d'une soumission antérieure. - Expériences émotionnelles passées non résolues. - Réticence à perdre certains bénéfices secondaires. - Influence culturelle. - Apprentissage par renforcement positif.
Avantages immédiats	- Réponse immédiate aux demandes et aux exigences. - Sentiment de supériorité, de puissance. - Soulagement de la tension nerveuse.
Ce que ressent l'individu qui adopte ce comportement	- Supériorité. - Soulagement. - Embarras peu après.
Ce que ressent l'entourage vis-à-vis de ce comportement	- Humiliation. - Insulte.
Ce que ressent l'entourage vis-à-vis de l'individu qui adopte ce comportement	- Colère. - Désir de vengeance. - Méfiance. - Crainte.
Autres conséquences à plus long terme	- Détérioration des relations interpersonnelles. - Altération de la qualité de vie. - Vengeance, rejet.

	Manipulateur
Comportement	- Exprimer ses pensées, ses opinions. - Procéder de façon toujours indirecte et parfois malhonnête.
Intentions	Tromper pour satisfaire ses propres besoins
Causes	- Manque d'information/influence culturelle. - Sentiment de vulnérabilité. - Désir d'éviter les conflits à tout prix. - Désir d'atteindre ses objectifs à tout prix. - Apprentissage par renforcement positif.
Avantages immédiats	- Réponse à ses demandes sans confrontation.
Ce que ressent l'individu qui adopte ce comportement	- Anxiété. - Culpabilité. - Peur d'être découvert, et d'éventuelles représailles.
Ce que ressent l'entourage vis-à-vis de ce comportement	- Sentiment d'être trompé.
Ce que ressent l'entourage vis-à-vis de l'individu qui adopte ce comportement	- Agressivité. - Ressentiment.
Autres conséquences à plus long terme	- Détérioration des relations interpersonnelles. - Altération de la qualité de vie. - Vengeance, rejet.

Élaborer une stratégie adaptée

Il est donc nécessaire de faire un choix, tout en privilégiant la notion de *self-control*. Car dans ce cas il devient alors possible de mettre en œuvre au bon moment la bonne stratégie utilisée de manière optimale face à un interlocuteur spécifique. Et si la technique ne fonctionne pas, il y en a d'autres en réserve.

Tout comme l'artiste martial, l'objectif est de ne jamais se situer dans une dynamique offensive. Le karatéka n'utilise ses poings et ses pieds qu'en dernier recours, uniquement en cas de légitime défense. Il en est de même pour vous : vous devez garder vos armes verbales rangées jusqu'au moment où il devient urgent de préserver votre intégrité psychique.

Pour maintenir un self-control efficace, quatre points sont à respecter :

1. **Gardez l'esprit ouvert, privilégiez une certaine souplesse cognitive.**
2. **Soyez en pleine présence.**
3. **Prenez un moment pour choisir votre stratégie.**
4. **Agissez et défendez-vous.**

• Dans un premier temps, vous, l'artiste verbal, communiquez avec l'autre sans idées préconçues, sans émotions négatives ni mauvais sentiments. Vous êtes simplement vous-même – tolérant, honnête, et aucunement agressif. Cela signifie que vous ne lancez pas de pique, que vous adoptez un comportement affirmé et que vous évitez de contrer directement une personne qui n'est pas du même avis que vous. Vous, tout comme l'artiste martial, restez calme, ouvert d'esprit, agréable et sympathique vis-à-vis de tous ceux qui croisent votre chemin.

• Lorsque vous passez à la deuxième étape, en privilégiant la pleine présence, vous ne vous préoccupez ni du passé ni du futur : vous vous situez dans le présent, en faisant l'expérience de l'ici et du maintenant. Par conséquent, vous ne vous laissez pas accabler par un excédent de stress. Vous lâchez prise, vous ne vous encombrez pas de ruminations inutiles. En conséquence, la paix intérieure et la bienveillance émanent de votre comportement, de votre langage corporel, de vos expressions faciales, de votre langage, de la tonalité de votre voix et de la teneur de votre discours.

- Dans un troisième temps, tout en continuant à garder le contrôle de la situation, assurez-vous que vous respirez correctement (voir plus avant). La technique de la respiration carrée, par exemple, vous permet de vous détendre et ainsi d'accéder sereinement à votre « boîte à outils » afin de choisir la stratégie la plus efficace. Cela demande un peu d'expérience, mais, comme dans les arts martiaux, avec de la pratique, vous pourrez devenir un véritable sensei : en maîtrisant vos émotions, vous maîtrisez également votre position (posture de la tête et du corps), vos mouvements (mouvements du visage, des bras et des mains) et les stratégies de self-défense verbale. L'artiste martial a un avantage physique sur son adversaire ; vous avez maintenant un avantage vocal sur le vôtre.
- Passons maintenant à la quatrième étape. Lorsque vous vous retrouvez dans l'obligation de vous défendre verbalement, il est nécessaire de faire comprendre à votre interlocuteur qu'il a eu tort de s'attaquer à vous. Il sera sans doute désarmé par votre réponse, mais soyez assuré qu'il réfléchira certainement à deux fois avant de vous agresser à nouveau.

Vous l'avez compris, l'élaboration d'une stratégie adaptée face à une agression verbale nécessite la mise en œuvre d'un comportement affirmé. Et pour cela il existe plusieurs options (Chaloult, 2014) :

– **l'affirmation de base ;**
– **l'affirmation empathique ;**
– **l'affirmation progressive ;**

– **l'affirmation avec confrontation ;**
– **l'utilisation du langage formulé à la première personne.**

• L'**affirmation de base** se rapporte à l'expression simple et directe de ses droits, de ses sentiments et de ses opinions sans l'utilisation d'autres habiletés sociales, telles que l'empathie, la confrontation, la persuasion, etc. Prenons deux exemples : si quelqu'un est interrompu dans une conversation, il dit simplement : « Excusez-moi, j'aimerais finir ce que j'ai à dire. » Un garçon demande à une jeune fille de l'accompagner au cinéma, et elle répond : « Je regrette mais je ne suis pas disponible ce soir. »

• L'**affirmation empathique** consiste à reconnaître dans un premier temps les droits, les émotions et les opinions de l'autre, et, dans un deuxième temps, à exprimer les siens. Par exemple : Une personne refuse une invitation en disant : « Je comprends ta déception, mais je ne suis pas disponible ce soir. » Un jeune homme recevant de son père des conseils qu'il ne désire pas répond : « Tu veux mon bien et je le comprends, mais je préfère prendre mes propres décisions. »

• L'**affirmation progressive** est celle par laquelle l'individu passe de l'affirmation de base à des formes plus fermes d'affirmation, lorsque de façon insistante son interlocuteur ne tient pas compte de ce qu'il dit. Par exemple, au cours d'une réception, on offre de l'alcool à plusieurs reprises à un invité qui n'en consomme pas. La première fois l'invité répond : « Merci, c'est très gentil mais je ne bois pas d'alcool » (affirmation de base). Puis : « C'est inutile d'insister, je n'aime pas ça. » Et finalement : « C'est la troisième fois que je refuse. Auriez-vous l'obligeance de ne pas insister davantage, s'il vous plaît ? » L'affirmation devient ici plus ferme devant la demande qui se fait plus insistante, et ce qui est approprié à la troisième tentative ne l'aurait pas été à la première.

• L'**affirmation avec confrontation** s'applique lorsqu'un individu ne tient pas ses engagements. Elle se déroule en trois temps : 1) rappeler d'abord l'engagement initial, puis 2) souligner les faits et enfin 3) préciser les attentes. Elle a pour but d'exprimer un message très clair et d'éviter ainsi toute confusion liée aux conséquences du non-respect de l'engagement. Exemple : « Je t'ai donné l'autorisation d'utiliser mes outils à condition de me le demander auparavant (premier temps, description de l'engagement). Pourtant, cela fait plusieurs fois que tu t'en sers sans autorisation de ma part (deuxième temps, description des faits). À l'avenir, je tiens absolument à être averti lorsque tu t'en sers, sinon je ne te les prêterai plus (troisième temps, précision des attentes). »

L'utilisation du langage formulé à la première personne consiste à utiliser le « je » plutôt que le « tu » ou le « vous ». Cela permet d'exprimer vos pensées, vos émotions et/ou vos opinions désagréables (désapprobation, irritabilité, colère) tout en évitant d'accuser l'autre. Cette stratégie comporte généralement quatre étapes :

1. Quand… [vous décrivez objectivement le comportement de votre interlocuteur] ;
2. … les effets sont… [vous décrivez l'effet concret du comportement de votre interlocuteur sur vous] ;
3. … je ressens… [vous décrivez vos émotions] ;
4. … je préférerais… [vous décrivez ce que vous désirez à l'avenir].

Prenons un exemple : vous vous adressez à un collègue systématiquement en retard sans raison valable : « Tu arrives avec une heure de retard (description du comportement) de telle sorte que nous n'aurons pas le temps de terminer ce travail que je m'étais engagé à finir aujourd'hui (description de l'effet concret du comportement). Je suis vraiment contrarié car j'ai horreur de ne pas tenir mes engagements (description des émotions). À l'avenir, je tiens absolument à ce que tu sois plus ponctuel (description de ce qui est désiré dans le futur). »

Il est préférable de dire : « Je déteste ce film, ce plat, cet acteur... », plutôt que de lancer : « Ce film, ce plat, cet acteur... sont mauvais. » Même quand il s'agit d'exprimer des pensées, des émotions et/ou des opinions agréables, l'utilisation du « je » est souvent plus adéquate et plus nuancée : « Je trouve votre chemise très jolie », plutôt que « Votre chemise est très jolie » ; « Je crois en telle idéologie », plutôt que « Telle idéologie est la meilleure. »

Mettre en œuvre une stratégie adaptée

Une fois votre stratégie globale établie, il reste à la mettre en œuvre. Quatre conseils méritent d'être suivis dans ce cadre :

- **Bien comprendre la cause de la critique ou de la colère de l'autre.** Si quelqu'un vous critique ou vous agresse verbalement de manière incompréhensible, il est essentiel de connaître la raison exacte de son mécontentement pour trouver une solution. À cette fin, il est nécessaire de clarifier les points suivants.
  – Quels sont les comportements précis qui ont blessé votre interlocuteur ?
  – Pourquoi ces comportements l'ont-ils blessé ?

– Par quels autres comportements pourraient-ils être remplacés ?

Prenons un exemple :

– Monsieur : « Tu es toujours scotchée à ton canapé en train de lire ton magazine ! »
– Madame : « Pourquoi te sens-tu contrarié quand je lis mon magazine ? Attends-tu quelque chose de précis de ma part, là tout de suite ? »

• **Désamorcer le comportement agressif.** Il s'agit ici de rester calme et poli en n'étant pas blessant en retour. Si une personne garde son contrôle devant la critique ou la colère de l'autre, il en résulte rarement des querelles destructrices. Il est donc nécessaire de rendre l'agresseur conscient de son comportement offensif et de l'effet désagréable qu'il suscite. On voit fréquemment des gens se conduire de façon provocatrice (colère, mépris, sarcasme ou autre) sans être totalement conscients du degré d'agressivité et/ou de l'effet destructeur de leurs paroles ou de leurs actes. Lorsqu'ils en mesurent les conséquences, ils mettent parfois spontanément un terme à ce genre de comportement. Il peut être par exemple intéressant de répondre : « Je trouve que tu me parles de façon très agressive et blessante. J'apprécierais que tu t'adresses à moi sur un autre ton. »

• **Rester focalisé sur l'objet de la discussion.** Comme nous l'avons déjà vu, il est préférable de refuser de s'impliquer dans des digressions ou des attaques n'ayant rien à voir avec l'objet réel de la critique ou de la colère de votre interlocuteur. On évite ainsi d'envenimer la situation et on favorise davantage la recherche d'une solution au problème.

• **Mettre un terme à l'affrontement.** Si une discussion ou une dispute se prolongent, il est préférable de mettre un terme à l'affrontement, surtout lorsqu'il est clair que personne ne changera d'idée, ou lorsqu'un des protagonistes perd le contrôle de lui-même. Poursuivre la discussion dans de telles circonstances risque d'entraîner des conséquences dangereuses : violence physique, traumatisme psychique sérieux, etc. Vous avez aussi tout intérêt à mettre fin à la discussion si le but de votre interlocuteur est d'avoir raison plutôt que d'échanger des idées ou de trouver une solution au problème. Dans un tel cas de figure, se donner du temps pour réfléchir permet d'y voir plus clair et de reprendre éventuellement l'échange lorsque les conditions sont plus favorables.

S'affirmer face à son interlocuteur

Pour résumer ce que nous avons vu précédemment, l'affirmation de soi peut se définir comme un comportement qui permet à une personne d'agir au mieux de ses intérêts et de défendre son point de vue sans anxiété excessive. L'objectif est l'expression efficace, sincère et directe de ce que l'on pense, ce que l'on veut, ce que l'on ressent, et l'exercice de ses droits sans dénier ceux des autres.

Quels droits faire valoir ?

Les droits (les nôtres et ceux des autres) peuvent être définis ainsi :
- le droit d'exprimer nos émotions ;
- le droit de faire des erreurs ;

- le droit de prendre soin de soi ;
- le droit de dire comment nous voulons être traités ;
- le droit d'accepter de l'aide sans se sentir coupable ;
- le droit de dire « non » ;
- le droit d'avoir des besoins ;
- le droit d'être responsable de nos choix.

Dans cette optique, j'ai le droit de demander et l'autre a le droit de refuser. J'ai le droit d'émettre une critique et l'autre a le droit de décider de ne pas changer.

L'affirmation de soi n'est donc pas une qualité propre à l'individu, mais une attitude, un axe de conduite qui se travaille et qui s'apprend. On ne parle donc pas de personne affirmée, mais de comportement affirmé (ou assertif)[1]. L'affirmation de soi s'inscrit ainsi dans le champ du développement des habiletés sociales, qui font elles-mêmes partie des habiletés adaptatives. Les habiletés sociales sont des comportements verbaux et non verbaux résultant de processus cognitifs et affectifs permettant de s'adapter à l'environnement. Un comportement affirmé peut se manifester par les capacités suivantes (Cariou-Rognant *et al.*, 2014) :

- percevoir son droit à avoir tel ressenti, tel goût ou telle opinion, et à le faire valoir ;
- respecter la diversité des points de vue ;
- distinguer les différents comportements de son interlocuteur ;
- vérifier sa compréhension de la position de son interlocuteur ;
- accepter ses faiblesses et leurs manifestations ;
- se donner le droit de refuser en contrariant son interlocuteur ;

1. D'après https://tcc.apprendre-la-psychologie.fr/l-affirmation-de-soi.html.

– se responsabiliser et assumer ses conduites ;
– ne pas se justifier, ne pas rechercher à tout prix l'approbation des autres.

La composante cognitive est l'un des obstacles majeurs pour les sujets qui n'arrivent pas à s'affirmer. On y trouve de nombreuses peurs :

– la **peur de blesser** : « Si je lui dis ça, ça va lui faire mal, elle va être attristée, j'ai peur qu'elle pleure... » ;
– la **peur du conflit** : « À tous les coups il va se mettre en colère et me crier dessus si je lui réponds de cette manière, et ensuite je ne saurai plus où me mettre... » ;
– la **peur du ridicule** : « Je suis certaine qu'il va se moquer de moi et me prendre pour une idiote si je lui exprime ce que je ressens pour lui... » ;
– la **peur de mal faire** : « Je vais encore bégayer et ne pas arriver à poser ma question au professeur... » ;
– la **peur d'être différent** : « Si je dis ça, les autres vont me regarder bizarrement et me considérer comme une extraterrestre... » ;
– la **peur du jugement** : « Si je demande un jour de congé supplémentaire, mon patron va penser que je suis une tire-au-flanc... » ;
– la **peur de ne pas être aimé** : « Si je réponds ça à ma mère, ça va lui briser le cœur, et je risque de perdre son affection... »

L'apprentissage de l'affirmation de soi a pour but de vous aider à mieux connaître et à mieux utiliser certaines notions élémentaires de psychologie, plus particulièrement en ce qui concerne trois aspects :

– **identifier vos émotions, vos pensées et vos opinions** ;
– **reconnaître vos droits et ceux des autres** ;
– **communiquer**.

Votre interlocuteur, même s'il s'agit d'une personne proche, n'est pas censé deviner ce que vous pensez. C'est l'une des bases fondamentales de la communication, et c'est par ailleurs l'un des préceptes incontournables de toute thérapie de couple. L'acquisition d'un comportement affirmé va passer en grande partie par l'imitation de modèle (c'est ce que l'on appelle l'apprentissage vicariant) : on va parler de *modeling*.

Le ***modeling*** est une technique utilisée en thérapie cognitivo-comportementale, qui vise à modifier le comportement d'un sujet par le biais de la mise en sa présence d'un modèle plus compétent. La dimension de l'identification au modèle détermine en grande partie l'efficacité de cet apprentissage vicariant par imitation. Le modèle est ainsi largement imité quand il existe une similarité de sexe et d'âge avec le sujet, et lorsque sa compétence n'est pas trop éloignée, permettant au sujet de se reconnaître en lui.

Les commandements d'un comportement affirmé

Vous parlez en utilisant principalement le « je ».

Vous exprimez vos besoins et vos désirs.

Vous respectez équitablement les besoins et les désirs de l'autre.

Vous parlez autant que vous écoutez l'autre.

Vous êtes direct, clair et précis dans votre expression.

Vous regardez l'autre en face, votre posture est décontractée, votre voix est claire et suffisamment forte.

Vous avez une gestuelle adaptée : gestes posés, calmes, et il y a congruence entre messages non verbaux et état émotionnel (inutile de se forcer à sourire si vous êtes très en colère),

En cas de conflit d'intérêts, vous cherchez un compromis.

Cela suppose d'acquérir deux compétences majeures :
- apprendre à communiquer de façon factuelle et précise ;
- apprendre à identifier vos émotions et vos besoins afin de les révéler ensuite à votre interlocuteur.

L'affirmation de soi n'est donc pas un comportement inné mais bien appris (*via* l'éducation et les expériences personnelles). Les personnes souffrant d'un défaut d'affirmation de soi n'ont jamais appris à s'exprimer ainsi ou ont grandi dans un environnement qui ne les a pas autorisées à s'affirmer (parents timides, surprotecteurs ou trop autoritaires).

Développer l'affirmation de soi consistera alors à apprendre à :
- faire une demande,
- répondre à une demande (dire « oui », « non », ou négocier),
- faire une critique,
- répondre à une critique (justifiée ou non justifiée),
- faire un compliment (non manipulatoire),
- répondre à un compliment,
- mais aussi engager, poursuivre et arrêter une conversation.

Pour vous affirmer, il vous faut déjà faire la chasse aux pensées automatiques négatives, afin de les remplacer par des pensées alternatives constructives, plus aidantes (par exemple, la pensée : « Je ne peux pas lui demander cela, ça va le déranger » sera remplacée par « Je peux lui demander cela, il me dira si ça le dérange ou pas »).

Une pensée automatique est une manifestation cognitive brève, non réfléchie, nous concernant et concernant les autres. Les pensées automatiques s'appliquent en grande partie à des situations et/ou des événements spécifiques, et se produisent régulièrement tout au long de la journée lorsque nous nous évaluons, et que nous évaluons notre environnement et/ou notre avenir (Palazzolo, 2021). Généralement nous les ignorons, mais nous connaissons très bien les émotions qu'elles créent en nous. Les pensées automatiques dysfonctionnelles sont des reflets déformés d'une situation, qui sont souvent considérés comme exacts. Elles sont le résultat en temps réel de croyances inadaptées concernant soi-même, le monde et l'avenir, déclenchées par un contexte spécifique ou exagérées par une affection psychologique telle que l'anxiété, le stress, etc.

L'identification de vos pensées automatiques dysfonctionnelles est une étape indispensable dans la gestion d'une agression verbale. La fiche d'autoévaluation de Beck peut être utilisée dans ce cadre.

EN PRATIQUE
Identifier ses pensées dysfonctionnelles

La fiche d'autoévaluation d'Aaron Beck repose sur une technique très simple pour aider la personne à mettre en évidence clairement ses pensées dysfonctionnelles, afin de mieux les analyser. Le sujet dispose ainsi d'un outil qui lui permet, par lui-même, d'adopter une approche plus rationnelle et moins stérile de son problème. Il s'agit d'un formulaire constitué de cinq colonnes que l'on remplit de gauche à droite.

Situation	Émotion	Pensées automatiques	Réponses rationnelles	Résultat
		Les pensées automatiques sources de l'émotion :	Les pensées rationnelles qui répondent aux pensées automatiques	Réévaluation de la croyance dans les pensées automatiques
	Évaluer l'intensité globale de l'émotion :	Niveau de croyance dans les pensées automatiques :	Niveau de croyance dans les pensées rationnelles :	Évaluer l'intensité globale de l'émotion après analyse :
	%	%	%	%

Colonne 1. **Situation** : on y décrit rapidement l'événement ou la situation qui a déclenché la contrariété. On n'y inscrit aucune émotion, ni aucune pensée, mais uniquement des faits (par exemple : j'ai laissé un message téléphonique à mon ami et il ne m'a pas rappelé).

Colonne 2. **Émotion** : il s'agit ici de décrire et d'évaluer le plus précisément possible les émotions ressenties en pourcentage de 0 à 100 (par exemple : colère, tristesse, angoisse...).

Colonne 3. **Pensées automatiques** : c'est la liste des pensées à l'origine des émotions précitées. On indiquera le niveau de croyance global pour ces pensées automatiques.

Colonne 4. **Réponses rationnelles** (ou pensées alternatives) : il s'agit ici de prendre du recul par rapport aux pensées de la colonne précédente et de proposer des pensées alternatives plus adaptées à la situation. On indiquera le niveau de croyance global pour ces réponses rationnelles.

Colonne 5. **Résultat** : après avoir inscrit les pensées automatiques et les réponses rationnelles qui s'y rapportent, on évalue à nouveau les émotions ressenties. On indiquera également l'intensité globale de ces émotions après analyse, que l'on pourra, bien sûr, comparer avec l'intensité globale des émotions avant analyse (colonne 2).

La fiche d'autoévaluation de Beck n'est pas un outil qui fait disparaître toutes les contrariétés de la vie. En revanche, elle permet de rationaliser l'approche que l'on peut en avoir. Les fiches d'autoévaluation sont une technique à utiliser sans modération. En effet, si des pensées automatiques dysfonctionnelles répétées peuvent rapidement faire dégénérer un conflit, la rationalisation ne peut, quant à elle, avoir que des effets bénéfiques sur la manière d'appréhender le problème.

Une fois que vous avez identifié vos pensées automatiques, vous pouvez vous sentir dépassé par leur nombre. Mettre à jour une cognition dysfonctionnelle peut conduire à une autre, et ainsi de suite... Par conséquent, il est important de se concentrer à ce stade sur les plus importantes et sur celles qui, une fois modifiées, seront les plus susceptibles de provoquer un changement positif et durable. Vous avez le choix : vous pouvez cibler l'une d'entre elles, en préférer une autre associée à la même situation problème, ou carrément changer de sujet si vous estimez qu'il existe une pensée plus importante à aborder.

EN PRATIQUE

Identifier ses pensées automatiques

Ces fiches peuvent vous aider à identifier vos pensées automatiques pour les modifier.

Ma pensée automatique négative :
Puis-je prouver que ma pensée est vraie ?
Ma pensée est-elle extrême/rigide ou équilibrée/souple ?
Ma pensée engendre-t-elle des sentiments et des comportements sains ?
Comment vais-je probablement me sentir et agir si je continue à penser ainsi ?
Pourrais-je encourager un(e) ami(e) à penser de cette manière ?
À quels faits puis-je songer qui contredisent ma pensée ?
Comment faudrait-il que je change ma pensée pour pouvoir me sentir mieux et agir de façon plus constructive ?

En quoi penser d'une façon plus équilibrée/souple m'aiderait-il ?
Ma nouvelle pensée saine

Notez ci-dessous l'une de vos pensées automatiques. Évaluez le pourcentage de croyance en cette pensée. Faites ensuite la liste des arguments pour et contre cette pensée. Évaluez en pourcentage la valeur des arguments pour et contre. Puis réévaluez le pourcentage de la croyance en cette pensée.	
Pensée automatique :	
Pourcentage de croyance en cette pensée en %	
Arguments pour :	Arguments contre :
Valeur en % :	Valeur en % :
Réévaluation du pourcentage de croyance en la pensée automatique : %	

<table>
<tr><td colspan="3">Écrivez l'une de vos pensées automatiques négatives. Faites ici la liste des avantages et des désavantages à court, moyen et long terme pour vous dans le fait d'avoir cette pensée automatique. Attribuez un pourcentage aux avantages et aux désavantages.</td></tr>
<tr><td colspan="3">Pensée automatique :</td></tr>
<tr><td colspan="3">Pourcentage de croyance en cette pensée en %</td></tr>
<tr><td></td><td>Avantages</td><td>Désavantages</td></tr>
<tr><td>À court terme</td><td></td><td></td></tr>
<tr><td>À moyen terme</td><td></td><td></td></tr>
<tr><td>À long terme</td><td></td><td></td></tr>
<tr><td></td><td>Valeur en % des avantages :</td><td>Valeurs en % des désavantages :</td></tr>
<tr><td colspan="3">Réévaluation du pourcentage de croyance dans cette pensée négative : %</td></tr>
</table>

S'auto-affirmer

Dans le domaine du sport de haut niveau, un athlète peut faire une brillante carrière sans pour autant réussir 100 % de ses tentatives du premier coup. Prenons l'exemple du tennis : la moyenne des 50 meilleurs joueurs est de 8,4 % d'aces par service. Cela signifie que 9 services sur 10 ne sont pas immédiatement gagnants. On pourrait donc en conclure que, si le joueur ne persévérait pas dans ses assauts, cet « échec » pourrait constituer pour lui une menace potentielle de son estime personnelle.

À l'instar des joueurs de tennis, nous sommes tous confrontés au quotidien à d'innombrables échecs et sentiments d'agression divers. Cela inclut des performances inférieures à la moyenne au travail ou en classe, des objectifs non atteints, des aspirations non satisfaites, des frustrations diverses, des informations remettant en question la validité de croyances de longue date, la maladie, la défaite de son parti politique à une élection ou de son équipe sportive préférée, des preuves scientifiques suggérant que l'on adopte un comportement à risque pour la santé, une remarque négative, une rupture amoureuse, une agression verbale et/ou physique, des conflits interpersonnels et intergroupes, etc. Au cours d'une journée donnée, le nombre potentiel d'événements susceptibles de menacer notre « adéquation morale et adaptative » – notre sentiment personnel d'être une bonne personne, d'être vertueux, d'être capable de contrôler notre vie – semble illimité et susceptible de dépasser le petit nombre d'événements positifs susceptibles de nous « rebooster ». L'un des défis majeurs qui se présente à nous est donc de préserver notre intégrité psychique (et physique) face aux inévitables revers et déceptions de la vie quotidienne – dynamique qui occupe environ 70 % de notre temps (Steele, 1988).

Ce constat s'applique aussi au domaine de la self-défense dans sa globalité : comment peut-on s'adapter à une menace et se protéger correctement sans perdre de plumes ? De nombreuses recherches suggèrent que nous possédons un « système immunitaire psychologique » qui entreprend des adaptations protectrices lorsqu'une menace réelle et imminente est perçue (Gilbert *et al.*, 1998). Ce système adaptatif comprend les diverses stratégies précédemment abordées, et particulièrement une meilleure compréhension des distorsions cognitives qui nous poussent à interpréter une situation comme étant menaçante pour notre intégrité. Bon nombre de ces stratégies peuvent être considérées comme étant de nature défensive, dans la mesure où elles modifient la signification de l'événement d'une manière qui nous empêche de conclure que nos croyances ou nos actions étaient malavisées.

Ces adaptations défensives sont si constantes et omniprésentes que Greenwald (1980) a décrit l'ego comme « totalitaire » dans son ambition d'interpréter le passé et le présent d'une manière adaptée à nos propres désirs et à nos propres besoins. Concrètement, l'être humain se considère comme un puissant agent causal, même sur des événements qu'il ne peut pas contrôler ; il se considère comme intrinsèquement responsable de l'obtention de résultats positifs plutôt que négatifs (Greenwald, 1980 ; Taylor, 1983). Il résiste naturellement au changement, ou – s'il change – il a tendance à devenir une version plus extrême de ce qu'il était auparavant (Lord *et al.*, 1979). Prenons des exemples parlants : la plupart des individus rejettent les informations sur la santé suggérant qu'ils courent un risque de maladie ou qu'ils devraient changer leur comportement à risque (Kunda, 1987) ; les étudiants ont souvent tendance à minimiser leur responsabilité lorsqu'ils échouent, préservant ainsi leur estime d'eux-mêmes mais empêchant par là toute possibilité d'amélioration (Major et al., 1998) ; de nombreux individus apparaissent trop optimistes quant à leurs prévisions de succès futurs et leurs estimations concernant leurs connaissances et compétences actuelles (Kruger et Dunning, 1999).

En fait, ces adaptations défensives sont plutôt bénéfiques pour notre santé psychologique et physique (Taylor et Brown, 1988). Une question importante concerne donc les circonstances dans lesquelles il nous arrive d'être moins défensifs – donc plus vulnérables – et plus en symbiose avec l'environnement social.

Nous considérons les réponses défensives comme des adaptations visant à atténuer les menaces de notre intégrité. Les différents travaux de recherche portant sur ces biais cognitifs témoignent de leur robustesse et de la fréquence à laquelle nous les utilisons. Bien que ces réponses défensives soient adaptatives (dans le sens de protéger ou d'améliorer notre sentiment d'intégrité), elles peuvent être inadaptées dans la mesure où elles nous empêchent d'apprendre face à des expériences et des informations importantes, bien que menaçantes. De plus, les efforts mis en œuvre pour protéger notre intégrité personnelle peuvent menacer celle de nos relations avec les autres (Cohen et Garcia, 2005).

Pourtant, ces réponses normales peuvent être contrecarrées par une adaptation psychologique totalement différente à l'agression, une dynamique alternative qui ne se résume pas à déformer l'événement menaçant pour le rendre moins significatif. Une façon de réduire, voire d'éliminer ces adaptations défensives désadaptées, est le processus d'auto-affirmation (Steele, 1988). En 1988, le sociopsychologue Claude Steele propose pour la première fois la théorie de l'**auto-affirmation**. Il affirme alors que l'objectif global du psychisme est de protéger une certaine image de sa propre intégrité, et de préserver avant tout son adéquation morale et adaptative. Lorsque cette image est menacée, on agit naturellement de manière à restaurer l'estime de soi. Comme indiqué précédemment, une façon d'y parvenir consiste à adopter des réponses défensives qui réduisent directement l'agression potentielle. Mais une autre manière – plus constructive – vise à affirmer diverses sources alternatives confirmant l'intégrité de soi-même.

Dans presque toutes les cultures et périodes historiques, il existe des conceptions socialement partagées concernant la préservation de son intégrité. Globalement, l'objectif est de se percevoir comme vivant selon une conception culturellement spécifiée de la bonté, de la vertu et de l'influence positive. La théorie de l'auto-affirmation examine comment les personnes maintiennent leur intégrité propre quand cette perception de soi est menacée.

Un point de vue majeur de cette théorie implique la notion que, bien que les gens essaient de maintenir des images spécifiques d'eux-mêmes (comme « être un bon élève » ou « être une bonne mère de famille »), ce n'est pas leur motivation principale. Au contraire, les individus sont fortement motivés pour maintenir leur intégrité globale, une perception générale de leur bonté, leur vertu et leur efficacité. Il y a donc une certaine variabilité dans les sources d'auto-intégrité. Si les individus se sentent relativement positifs à propos d'eux-mêmes dans un domaine, ils seront prêts et capables de tolérer une menace à leur intégrité dans un autre domaine.

La théorie de l'auto-affirmation a conduit à une réinterprétation des résultats de la recherche classique en dissonance cognitive. Dans une étude de dissonance cognitive classique, les participants sont amenés à changer leurs attitudes pour les mettre en conformité avec leur comportement passé. Ils sont conduits à commettre une action épousant une position avec laquelle ils sont en désaccord (par exemple, voter pour un élu qui n'était pas leur premier choix juste pour ne pas faire gagner un autre) deviennent par la suite d'accord avec cette position quand ils croient que leurs actions ont été librement choisies. Il s'agit d'une forme de rationalisation et d'autojustification qui convainc le sujet que son action était la bonne. Auparavant, ces effets avaient été considérés comme des preuves d'une motivation de base pour la cohérence psychologique ; les gens veulent voir leurs attitudes comme étant compatibles avec leurs actions. Cependant, Steele et ses collègues ont démontré que ces effets découlent en partie de la motivation à maintenir sa propre intégrité. Ainsi, lorsque l'on donne aux personnes l'occasion d'affirmer leur intégrité dans un autre domaine, l'effet de rationalisation disparaît.

Lorsque leur intégrité est menacée, selon la théorie de l'auto-affirmation, les individus n'ont pas besoin de rationaliser ou de déformer de manière défensive la réalité. Au lieu de cela, ils peuvent rétablir leur intégrité par des affirmations de domaines alternatifs de l'estime de soi sans rapport avec la menace de provocation. Ces auto-affirmations, en répondant à la nécessité de protéger son intégrité face à la menace, peuvent permettre de faire face à des événements menaçants sans recourir à un préjugé défensif. Les auto-affirmations prennent la forme de réflexions sur des valeurs importantes et globales (telles que les relations avec les amis et la famille) ou sur une habileté précieuse.

De nombreuses études ont démontré que les individus sont moins susceptibles de rationaliser, de nier ou de résister aux informations menaçantes dans un domaine si leur sens de l'intégrité d'eux-mêmes est affirmé dans un autre domaine. Les personnes auto-affirmées sont également plus susceptibles de reconnaître leur responsabilité personnelle (et la responsabilité collective de leur groupe) dans la défaite. De plus, on devient plus ouvert aux actions menaçantes – comme se compromettre avec un adversaire dans un conflit sociopolitique qui divise – quand on s'affirme. La théorie de l'auto-affirmation éclaire également la façon dont le préjugé et les stéréotypes sont des formes de maintien de l'intégrité de soi. Certains individus peuvent utiliser un stéréotype négatif comme un moyen justifiable de rabaisser les autres, pour se sentir bien. Toutefois, si leurs besoins en matière d'intégrité personnelle sont satisfaits dans un autre domaine, ils ont moins besoin de recourir à des stéréotypes négatifs.

L'auto-affirmation peut également aider à réduire les réponses au stress physiologique et psychologique. Des chercheurs ont demandé aux participants de compléter une procédure d'auto-affirmation avant de s'engager dans l'expérience stressante de parler en public et de faire de l'arithmétique mentale devant un auditoire hostile. Contrairement à ceux qui se trouvaient dans des conditions de contrôle, ceux qui se situaient dans des conditions d'auto-affirmation n'ont pas montré de changements par rapport à la ligne de base dans leurs niveaux de cortisol, l'hormone de stress. Parce que le stress chronique est lié à la maladie physique, cette conclusion suggère également que l'auto-affirmation pourrait avoir des effets positifs sur la santé.

Une des implications les plus importantes de la recherche contemporaine sur la théorie de l'auto-affirmation est sa démonstration que les interventions apparemment petites peuvent avoir de grands effets, si elles sont adaptées aux processus cognitifs de maintien de l'intégrité. L'auto-affirmation a été utilisée par exemple avec succès pour atténuer la menace psychologique associée au fait d'être la cible d'un stéréotype négatif à l'école. Bien que le résultat final puisse paraître relativement bref à première vue, les changements dans les attributions et le traitement de l'information induits par cette méthode ont tendance à se renforcer et à s'entretenir au fil du temps.

La recherche sur la théorie de l'auto-affirmation suggère que la résistance défensive, les illusions dont on se berce, l'intransigeance dans les conflits sociaux, les préjugés et les stéréotypes, le stress, la maladie et la sous-performance intellectuelle peuvent être compris comme provenant, en partie, des menaces de l'intégrité individuelle et de la motivation pour la protéger. La théorie de l'auto-affirmation fournit un cadre pour comprendre les origines de ces problèmes et une perspective optimiste pour leur résolution.

Et qu'en est-il de la pratique, me direz-vous ? Alors, pour booster votre subconscient et maximiser les bienfaits de la loi de l'attraction, voici quelques exemples d'auto-affirmation que vous pouvez mettre en œuvre au quotidien lorsque vous vous sentez agressé. L'objectif est de vous répéter ces affirmations de manière régulière, en privilégiant la bienveillance vis-à-vis de vous-même[1].

---

1. https://lasultanemag.com/lauto-affirmation-votre-arme-secrete.

EN PRATIQUE
L'auto-affirmation

1. Je m'attends seulement au meilleur et je l'obtiens toujours.
2. Mon corps est en parfaite santé et mon esprit est clair.
3. Je m'autorise à penser et à rêver sans limites.
4. Je m'épanouis de jour en jour.
5. Je fais ce que j'aime, je trouve du plaisir dans mon activité professionnelle.
6. Je me réveille en étant enthousiaste, et cet enthousiasme m'accompagne tout au long de la journée.
7. J'apprécie ce que j'ai, et je suis reconnaissant de cela.
8. Ce que je fais m'intéresse, et je me sens bien.
9. Je mets de l'amour et du positif dans tout ce que j'entreprends.
10. Je mets en œuvre des projets intéressants.
11. Je change le monde en commençant par changer moi-même.
12. Je lâche prise car je sais que, quoi qu'il m'arrive, le meilleur suivra.
13. Je suis heureux et conscient de l'être.
14. J'apprécie mon corps comme il est.
15. J'aime ma vie, je profite de chaque instant.
16. J'essaye de contrôler ce qui m'arrive.
17. J'ai une hygiène de vie équilibrée et je prends soin de moi.
18. J'ai confiance en l'avenir.
19. Je mérite d'être heureux.
20. Je mérite d'avoir tout ce que je désire, et je m'en donne les moyens.

À vous d'adopter cette liste telle quelle, de la modifier, de l'adapter à ce que vous êtes, à vos valeurs et à vos aspirations. Il n'y a pas de bonne ou de mauvaise réponse, l'objectif est de se répéter ces affirmations un peu comme des mantras. C'est un exercice d'authenticité qui vise à éloigner le négativisme qui a tendance à vous gagner au quotidien.

Rester méthodique

Tout comme le combattant qui monte sur le ring, l'objectif est de suivre une certaine « méthodologie ». Ainsi, si vous souhaitez formuler une critique à votre interlocuteur, vous pouvez appliquer la technique DESC :

D : **Décrivez** factuellement le problème,

E : **Exprimez** vos émotions vis-à-vis de l'acte critiqué (donc utilisez-le « je »),

S : **Proposez** une Solution,

C : **Énoncez les Conséquences positives** émotionnelles que le changement pourrait engendrer.

Ainsi, plutôt que de dire : « Tu es toujours en retard », il est préférable de dire : « Cela fait cinq fois ce mois-ci que tu es systématiquement en retard de dix minutes. Cela me pose problème, car je suis pénalisé dans le démarrage de mon propre travail. Ce que je te propose, c'est de m'envoyer un SMS quand tu es en retard, ce qui me permettrait de commencer autre chose en t'attendant. J'aurai ainsi moins l'impression de perdre mon temps. »

Ensuite, lancez-vous, osez, tout en vous donnant le droit d'échouer (toutes vos demandes ou critiques n'aboutiront pas, sachez-le !...). Comme tout apprentissage, l'affirmation de soi nécessite de l'entraînement : c'est une attitude qui s'apprend tout au cours de la vie et qui se développe au contact des autres. Commencez, comme nous l'avons vu, par des exercices qui restent un défi pour vous mais qui sont atteignables (par exemple, demander à Patrick, votre charmant collègue, s'il accepte d'aller boire un verre avec vous après le travail). Ces exercices simples sont à répéter régulièrement, avec la perspective d'augmenter progressivement le niveau de difficulté.

L'un des problèmes consistera, dans une situation de stress, à ne pas vous laisser envahir par certains comportements réflexes tels que l'évitement ou l'agressivité (le fameux *fight or flight* des Anglo-Saxons). Plus vous vous serez entraîné « à froid », hors contexte sensible, plus vous aurez de chances d'adopter une dynamique positive qui remplacera vos attitudes automatiques désadaptées lors de situations anxiogènes.

Gardez en tête la citation de Sénèque : « Ce n'est pas parce que c'est difficile qu'on n'ose pas, c'est parce qu'on n'ose pas que c'est difficile. »

Ready ? Go !

« Quelle jolie robe ! Dommage qu'elle ne soit pas à ta taille… », « J'ai appris que votre fils a finalement trouvé du travail. C'est pratique d'avoir une mère qui a des relations ! », « Je t'ai trouvé un très bon livre sur la question. Je suis sûr que tu vas l'aimer, il est vraiment très très simple à comprendre »… Ce genre de flèches empoisonnées vous touchent généralement quand vous vous y attendez le moins. Il y en a tant de variétés qu'il serait impossible d'en dresser un catalogue complet. Elles vont de la petite pique presque inconsciente (« Félicitations ! Tu as fini par réussir, en définitive ») à la réflexion perfide qui vous prend par surprise et vous touche au plus profond de vous-même. Il y a aussi les petites phrases si cruelles qu'elles vous mettent KO. Ainsi, après de longues hésitations, Céline trouve enfin le courage d'avouer à sa mère que son compagnon l'a quittée ; celle-ci lui répond par un simple commentaire : « Eh ben, ça lui en a pris du temps ! »

Généralement la famille est un refuge contre ce genre de cruautés. Mais parfois, sous un prétexte hypocrite (« Je ne t'en parlerais pas si je ne t'aimais pas »), les proches peuvent être plus durs avec vous qu'envers des étrangers. Un jour qu'elle se regarde dans un miroir, Audrey, une fillette de 12 ans, entend sa mère lui dire : « Ne t'en fais pas, ma chérie. Si ton nez continue de grossir, on pourra toujours te faire opérer. » La petite, jusque-là, trouvait son nez parfaitement normal !

Parmi toutes ces agressions déguisées, les plus classiques sont les fameuses « critiques constructives » qui commencent généralement par « J'espère que tu ne m'en voudras pas d'être franc avec toi… » ou « Si je te dis ça, c'est pour ton bien ». Dans ce type de situation, vous devriez remercier votre interlocuteur de sa franchise et de sa générosité alors qu'il se prépare à vous planter un poignard dans le cœur.

Essayer de se défendre dans ces cas-là, c'est risquer de tomber dans le cercle vicieux des attaques et des contre-attaques. Heureusement, il existe quelques stratégies pour parer les coups et préserver votre confiance en vous-même.

• **Cherchez ce qui se cache derrière l'insulte.** Votre agresseur a sans doute ses propres problèmes. Si vous ne trouvez pas ce qui le dérange vraiment, n'hésitez pas à lui poser directement la question. Rappelez-vous que sa critique ne s'adresse pas nécessairement à vous. Prenez un peu de recul et demandez-vous quelle est la cause de son agressivité. La serveuse du restaurant qui vous rembarre, par exemple, n'a rien contre vous personnellement, mais son petit ami l'a laissée tomber hier soir. Et l'automobiliste qui vous invective n'a pas particulièrement décidé de se battre avec vous : peut-être se rend-il au chevet d'un enfant malade. Vous serez surpris de constater à quel point vous vous sentirez apaisé chaque fois que vous accorderez aux autres le bénéfice du doute.

• **Allez droit au but.** Toute réflexion blessante comporte un sous-entendu. Efforcez-vous de retrouver ce sens caché, car c'est à lui que vous devez répondre en priorité. Ce n'est pas toujours facile, évidemment. Alors, essayez d'être direct. Désamorcez la remarque en demandant franchement : « Peux-tu imaginer ce qu'on ressent quand on entend une telle critique ? » Si vous préférez, vous pouvez aussi demander à votre interlocuteur d'être plus précis : « Qu'est-ce que tu veux dire par là, exactement ? » ou « Je ne suis pas certain d'avoir bien compris ta remarque. » À partir du moment où votre agresseur s'aperçoit que vous voyez clair dans son jeu, il vous laisse généralement tranquille, honteux d'avoir été pris en flagrant délit.

• **Armez-vous d'humour.** « J'aime beaucoup le tissu de ta jupe, lance François à Valérie. Il irait très bien sur le canapé que je dois faire recouvrir. » Elle lui rétorque alors du tac au tac : « Eh bien, viens donc t'asseoir sur mes genoux ! » La mère de Fanny, adepte du ménage quotidien, tombe un jour sur une toile d'araignée dans la cuisine de sa fille : « Mais qu'est-ce que c'est que ça ? ! ? », lui lance-t-elle. « Un projet de recherche en biologie, maman », lui répond la jeune femme. L'humour est l'un des meilleurs remparts contre l'agression verbale. Une répartie spirituelle désarme instantanément presque tous les interlocuteurs offensifs, même les plus provocateurs. Un homme qui a embouti l'arrière de la voiture de Christine refuse de lui donner directement son numéro de police d'assurance ; condescendant, il lui propose de discuter de l'accident avec son mari. Christine lui sourit alors gracieusement et lui répond qu'elle est parfaitement d'accord à condition de pouvoir elle-même en parler avec son épouse.

• **Inventez des signaux d'alerte.** Anaïs, dont le mari a pris la fâcheuse habitude de la critiquer en public, emporte avec elle une petite serviette de toilette ; chaque fois que son conjoint lui fait une remarque désobligeante, elle sort la serviette de son sac et se la met sur la tête. Son compagnon se retrouve alors tellement embarrassé par cette attitude qu'il change de comportement.

• **Coupez l'herbe sous le pied de votre agresseur.** Abondez dans son sens. Si votre compagnon vous lance : « Tu dois bien avoir pris cinq kilos pendant les vacances », renchérissez : « Ouhla, bien plus que ça… Au moins dix ! » Et s'il insiste en renchérissant : « Tu comptes bien faire quelque chose, du style te mettre au régime ? », répondez simplement : « Pas maintenant. J'ai envie de profiter de mon obésité encore un petit un moment. » N'oubliez pas que le seul pouvoir d'une agression, c'est celui que vous lui donnez. En n'opposant pas de résistance à votre interlocuteur, vous lui ôtez son venin. Pratiquez dans ce cas l'aïkido verbal plutôt que la boxe !

• **Passez l'éponge.** Prenez acte de l'agression verbale, constatez qu'elle ne vous concerne pas vraiment, et oubliez-la. Dans une relation conflictuelle, savoir pardonner sera l'un de vos plus précieux atouts. Si vous n'êtes pas sûr de pouvoir y arriver, indiquez à votre interlocuteur que vous avez bien entendu sa remarque mais que vous n'y répondrez pas. Vous pouvez feindre l'indifférence. Détournez le regard et faites celui qui n'a pas de temps à perdre avec ce genre de mesquinerie. Les gens n'aiment pas se savoir ennuyeux.

• **Appliquez la règle des 10 %.** Vous ne réussirez jamais à éviter toutes les remarques blessantes. Faites-vous à l'idée qu'une partie de ces flèches qu'on vous décoche sont normales dans le monde de frustrations où nous vivons. Dans 10 % des cas, vous trouverez un magasin qui vend à meilleur prix le produit que vous venez d'acheter ailleurs. Dans 10 % des cas, un livre que vous avez prêté vous sera rendu endommagé. Dans 10 % des cas, même votre meilleur ami vous fera sans réfléchir une remarque qu'il regrettera par la suite. Autrement dit, développez une certaine capacité d'acceptation ; ce sera plus simple que d'être toujours sur la défensive et de vouloir avoir raison à tout prix. Et prenez le risque de pardonner : vous obtiendrez en retour bien plus que 10 % de bénéfice positif !

• **Refusez ce qui ne vous concerne pas.** Le Bouddha enseignait partout où il passait. Or, un jour qu'il parlait sur une place de village, un homme vint l'écouter parmi la foule. L'auditeur se mit bientôt à bouillir d'envie et de rage. La sainteté de Bouddha l'exaspérait. N'y pouvant plus tenir, il hurla des insultes à son égard. Le Bouddha demeura impassible. L'homme, fulminant, quitta la place. Comme il avançait le long des rizières à larges enjambées, sa colère s'apaisait. En lui monta la conscience que sa colère était née d'un sentiment de jalousie et qu'il avait insulté un sage. Il se sentit si mal à l'aise qu'il rebroussa chemin, décidé à présenter des excuses au Bouddha.

Lorsqu'il arriva sur la place où l'enseignement continuait, la foule se poussa pour laisser passer l'homme qui avait insulté le Maître. Les gens incrédules le regardaient revenir. Les regards se croisaient, les coudes s'écartaient pour attirer l'attention des voisins, un murmure suivait ses pas. Lorsqu'il

fut suffisamment près, il se prosterna, suppliant le Bouddha de lui pardonner la violence de ses propos et l'indécence de sa pensée.
Le Bouddha, plein de compassion, vint le relever.

– Je n'ai rien à vous pardonner, je n'ai reçu ni violence ni indécence.
– J'ai pourtant proféré des injures et des grossièretés à votre encontre.
– Que faites-vous si quelqu'un vous tend un objet dont vous n'avez pas l'usage ou que vous ne souhaitez pas saisir ?
– Je ne tends pas la main, je ne le prends pas, bien sûr.
– Que fait le donateur ?
– Ma foi, que peut-il faire ? Il garde son objet.
– C'est sans doute pourquoi vous semblez souffrir des injures et des grossièretés que vous avez proférées. Quant à moi, rassurez-vous, je n'ai pas été accablé. Cette violence que vous donniez, il n'y avait personne pour la prendre.

Le monde est rempli d'individus qui se donnent de l'importance en essayant d'écraser les autres. Refusez d'accepter leurs affronts, même quand ils vous sont présentés sous le masque de l'amour. En les ignorant, vous entretiendrez de meilleurs rapports avec les gens qui vous entourent, et vous vous rendrez la vie bien plus agréable.

CHAPITRE 10

Faire respecter ses limites

Dans les chapitres précédents, vous avez appris à mieux cerner l'individu qui vous fait face et qui vous agresse verbalement. Il vous est à présent possible d'identifier certaines de ses caractéristiques potentiellement dangereuses pour votre santé psychique et émotionnelle. Vous voici préparé à vous défendre contre l'agressivité verbale, et ce, de différentes manières. Vous avez pu façonner et développer une arme puissante, qui peut vous garantir la victoire dans n'importe quel affrontement oral : la confiance en vous. Maintenant que vous avez constitué votre boîte à outils, il est temps de s'intéresser à la manière dont vous allez l'utiliser.

Peu importe que vous sortiez vainqueur ou perdant de la joute verbale, l'objectif est de limiter les conséquences de cet affrontement et de ne pas être victime de blessures émotionnelles. Si vous voulez prendre l'avantage sur un interlocuteur agressif, vous devez à la fois maîtriser et être capable de choisir la meilleure stratégie de défense possible. Les techniques envisageables vont du simple silence à la mise en œuvre de techniques verbales extrêmes. La clé est de faire comprendre à la personne qu'elle a clairement dépassé les limites. L'objectif est avant tout de ne pas vous laisser empoisonner par des émotions délétères pour votre santé psychique et physique. Ce chapitre vous présente un large panel de techniques à mobiliser, selon les situations et le type d'interlocuteur.

Le roi du silence

Il s'agit là de rester silencieux, inexpressif, avec un regard vide. Vous pouvez même mettre en pause ce que vous êtes en train de faire, et vous figer brutalement tout en fixant votre interlocuteur. Cela le déstabilise et il ne sait plus comment réagir. Dans ce cas, le silence est vraiment d'or. Vous avez très probablement été confronté à cette technique lorsque vous étiez enfant, quand votre mère ou votre père avait un reproche à vous faire : d'abord vient le regard sans expression, suivi du silence pesant, puis du front plissé et enfin de la réprimande verbalisée. Après un certain temps et de nombreuses œillades lourdes de sens, vous en êtes arrivé à un point où tout ce que vos parents avaient à faire était de vous lancer ce fameux regard, et vous saviez immédiatement que vous deviez changer de comportement. Les enseignants utilisent souvent cette stratégie pour inciter leurs élèves à faire silence et à être attentifs.

C'est très déconcertant pour votre interlocuteur de voir un visage habituellement expressif et plein de vie se transformer en masque de cire. Ce dernier va alors avoir naturellement tendance à être stoppé dans son élan toxique. Maintenant que vous savez jouer au roi du silence, il est important d'utiliser cette technique à bon escient. Imaginez que quelqu'un vous tienne des propos insultants ; voici les étapes à respecter :

1. Arrêtez immédiatement ce que vous êtes en train de faire.
2. Inspirez une petite bouffée d'air par le nez. Pour respecter un silence parfait, évitez de respirer par la bouche ; et comme vous n'allez pas produire de son, nul besoin de privilégier une grande amplitude et/ou une respiration ventrale.
3. Retenez (un peu) votre souffle. En ralentissant votre respiration, vous diminuez votre rythme cardiaque et vous vous concentrez sur vos pensées, de sorte que vous contrôlez mieux vos émotions.
4. Tout en ralentissant votre respiration, détendez chacun de vos muscles faciaux. Visualisez votre front relâché, ainsi que vos paupières, votre nez, vos joues, vos lèvres, votre mâchoire et votre menton. Du haut vers le bas, sentez vos muscles se détendre à tel point que votre visage devient inexpressif.
5. Regardez alors dans la direction de votre agresseur verbal. Contentez-vous de le fixer. Essayez de ne pas cligner des yeux, le but est juste de le regarder. Après quelques secondes, il va se sentir tellement mal à l'aise qu'il va très probablement lancer un « Qu'est-ce qui ne va pas ? » ou un « Qu'est-ce que tu regardes comme ça ? » – avec un petit rire pincé qui marque son inconfort.
6. Ne parlez pas, ne répondez pas immédiatement à ses éventuelles questions. Continuez simplement à le regarder. À partir du moment où il s'adresse à vous, vous savez que vous avez pris le dessus. Voyez à quelle vitesse les rôles se sont inversés. Maintenant, c'est vous qui contrôlez la situation. Sa tentative de vous faire sortir de vos gonds à l'aide de propos toxiques a échoué. Votre bouclier facial vous met à l'abri : son objectif était de vous faire réagir en miroir face à son agressivité, à présent c'est lui qui est mal à l'aise.

L'expression de dégoût

La stratégie du dégoûté ressemble beaucoup au roi du silence, mais au lieu de mimer une expression neutre au niveau du visage l'objectif est ici d'exprimer du dégoût. Cette technique est particulièrement déconcertante pour votre interlocuteur car il ne s'y attend pas : il se retrouve face à quelqu'un qui le regarde avec répugnance, sans rien dire.

C'est une position assez déstabilisante pour lui ; généralement il plisse le front et fronce les sourcils, sa mâchoire se serre et il lance d'un ton défensif : « Qu'y a-t-il ? » ou « Pourquoi me regardes-tu comme ça ? » S'il est vraiment mal à l'aise, il peut vous signifier qu'il plaisantait, mais il n'en est rien : vous le savez et il le sait. Mais à présent il comprend qu'il ne peut pas vous parler comme il l'a fait, votre expression faciale en dit long.

La marche à suivre est la suivante :

1. Soulevez votre lèvre supérieure ;
2. Plissez les ailes de votre nez ;
3. Entrouvrez la bouche ;
4. Levez le menton ;
5. Plissez les yeux.

C'est une expression faciale universelle. Les gens de toutes les cultures l'utilisent pour refléter l'écœurement.

Inspirez… soufflez !

Il s'agit d'une technique qui accompagne toutes les autres stratégies présentées dans ce chapitre. Quand quelqu'un vous agresse, vos glandes surrénales fabriquent de l'adrénaline. Votre cœur bat plus vite, vous ressentez des pulsations au niveau de vos tempes, votre visage rougit et vos yeux ont tendance à s'écarquiller. L'état de stress dans lequel vous vous trouvez induit par ailleurs une respiration superficielle et inefficace. Il est donc important de respirer de manière adéquate. Vous pouvez dans ce cadre utiliser la technique de la respiration carrée décrite en début d'ouvrage, et/ou suivre les étapes suivantes :

1. Prenez une petite inspiration pendant deux secondes.
2. Ensuite, repensez à votre interlocuteur agressif. Rappelez-vous les propos blessants qu'il vous a tenus. Souvenez-vous du ton offensif de sa voix. Remémorez-vous ces éléments au cours des trois secondes où vous retenez sciemment votre respiration. À cet instant précis vous contrôlez parfaitement votre rythme ventilatoire, car vous êtes en pleine conscience.
3. Pendant que vous avez bien votre agresseur verbal en tête, soufflez par la bouche en expirant de toutes vos forces.
4. Continuez à expirer jusqu'à ce que vous soyez complètement à court d'air.
5. À présent, restez en apnée pendant deux secondes.

Répétez cet exercice. Alors que vous soufflez littéralement ce qu'il a dit hors de votre mémoire, vous éjectez ce triste personnage de votre esprit. Poursuivez cette procédure tant qu'il vous est possible d'éliminer de la négativité toxique et des émotions délétères liées aux propos agressifs entendus.

Une fois le soulagement apparu, inspirez profondément par la bouche en remplissant vos poumons et en expirant normalement. En utilisant cette stratégie, vous pouvez vous sentir un peu étourdi. Ne vous inquiétez pas, c'est tout à fait normal et cela va vite disparaître.

L'inspecteur Columbo

Vous souvenez-vous de la série télévisée Columbo ? Le détective posait calmement ses questions d'une manière si peu pragmatique et tellement aléatoire que le criminel coopérait sans méfiance et répondrait à celles-ci sans réfléchir. Pourtant, ces interrogations – en apparence débonnaires – étaient particulièrement précises et calculées. À la fin de chaque épisode, bien entendu, l'inspecteur Columbo résolvait l'affaire et confondait le criminel.

Il vous est possible d'utiliser le même type d'approche que cet enquêteur afin de déstabiliser un interlocuteur agressif. Privilégiez alors un ton non hostile, dénué de colère et surtout pas péremptoire. Le but de cette stratégie est de poser au sujet toute une série de questions qui appellent uniquement une réponse par « oui » ou par « non » dans une dynamique de progression logique. Un peu comme un avocat qui plaide en salle d'audience et qui tente de mettre en exergue un point important en demandant à son témoin de répondre à une succession d'interrogations. Dans ce cadre, vous devez commencer par poser la question la plus absurde, celle qui garantit d'obtenir une réponse négative. Continuez ensuite en formulant des propos de moins en moins décalés jusqu'à ce que votre interlocuteur saisisse le sens de votre approche.

En définitive, il se retrouve acculé et sans autre choix que d'admettre qu'il est dans le faux. Il est possible de l'encourager à répondre, ce qui permet d'accentuer un peu plus la portée de cette démarche.

Prenons l'exemple d'un individu agressif qui tient des propos racistes que vous ne validez pas. Adoptez alors un comportement calme, posé et semblable à celui de Columbo lors d'un interrogatoire. Il s'agit ici d'établir un dialogue entre un extrémiste ignorant, rempli de préjugés, étroit d'esprit, et une personne pondérée et tolérante :

– Vous : Vous voulez dire que vous ne supportez pas les noirs ?
– Lui : Je n'ai pas dit ça...
– Vous : Connaissez-vous une personne noire que vous appréciez ?
– Lui : Non, je ne vois pas...
– Vous : Aimez-vous le sport ?
– Lui : Bien sûr, comme tous les mecs.
– Vous : Éprouvez-vous du respect pour certains champions ?
– Lui : Oui.
– Vous : Qui, par exemple ?
– Lui : Kylian Mbappé, Francis Ngannou.
– Vous : Et dans le domaine de la musique, vous appréciez certains artistes ?
– Lui : Oui, j'aime bien Jul et Booba.
– Vous : Est-ce qu'il y a d'autres personnes noires connues qui trouvent grâce à vos yeux ?
– Lui : J'apprécie Idriss Elba, Will Smith, Samuel L. Jackson...
– Vous : Les personnes noires dans leur ensemble ont-elles déjà fait quoi que ce soit qui vous a blessé personnellement ?
– Lui : Non, pas personnellement.

– Vous : Vous semblez être un homme travailleur qui prend soin de sa famille. Pensez-vous qu'il y a des hommes noirs qui bossent dur pour leurs femmes et leurs enfants, et qui se soucient de leurs proches autant que vous vous souciez des vôtres ?
– Lui : Bien sûr qu'il y en a !
– Vus : Connaissez-vous personnellement beaucoup de personnes noires ?
– Lui : Pas énormément, non.
– Vous : Avez-vous déjà travaillé avec des personnes noires ?
– Lui : Bien sûr que oui !
– Vous : Avez-vous détesté toutes les personnes noires avec lesquelles vous avez travaillé ?
– Lui : Bien sûr que non ! L'un de mes meilleurs amis au travail est noir.
– Vous : Avez-vous déjà pensé que, si l'on apprenait à mieux se connaître en tant qu'individus – tout comme vous avez appris à mieux connaître votre collègue qui est depuis devenu un ami –, il y aurait moins de haine et d'ignorance dans le monde ?...

Cette stratégie permet de responsabiliser votre interlocuteur et de lui réattribuer ses propos. L'objectif est non seulement de faire valoir votre point de vue, mais également de permettre au sujet agressif de modifier sa manière de voir les choses. En participant activement au processus de communication, il va peu à peu prendre conscience du ridicule de son attitude.

La vérité toute nue

Parce qu'une telle attitude est devenue tellement rare de nos jours, une honnêteté directe et franche peut totalement déstabiliser votre interlocuteur agressif. Si celui-ci vous fait une remarque blessante, vous avez la possibilité de lui livrer la « vérité toute nue » : ne s'attendant pas à une telle authenticité, il risque fort de se retrouver totalement désemparé, ce d'autant que le ton de votre voix est calme et que votre posture est déterminée. Il s'agit là d'une parfaite mise en pratique des outils précédemment décrits dans cet ouvrage : utilisez une stratégie efficace, adoptez une attitude posée, un contact visuel direct, une intonation neutre.

La vérité toute nue vous prémunit par ailleurs d'attaques verbales ultérieures : vous gagnez une certaine estime auprès de votre interlocuteur, car vous lui faites savoir sans équivoque que vous ne tolérez aucun écart de sa part et que vous maniez la franchise avec brio. En définitive, en vous respectant vous-même, vous forcez le respect des autres.

La casse façon Brice de Nice

Un autre moyen infaillible de déstabiliser un interlocuteur agressif est de vous moquer de lui et/ou de vous-même. Parfois, il est difficile de trouver quelque chose de drôle à dire, surtout si les propos de la personne qui se tient en face de vous sont particulièrement blessants. N'oubliez pas de prendre une inspiration salvatrice avant de répondre ; bloquez votre respiration pendant deux secondes, puis répondez avec un peu d'humour. Ce petit temps de décalage vous permet de vous concentrer et de peaufiner votre repartie.

Il est préférable de faire de l'humour en lien direct avec une réflexion négative qui vous a été faite. En rétorquant selon une dynamique positive et amusante, vous prenez le dessus et vous contrôlez la situation. N'hésitez pas à en rajouter, façon Brice de Nice qui prend un malin plaisir à « casser » ses détracteurs. L'objectif est d'en arriver à un échange quelque peu aberrant permettant au sujet de prendre conscience du ridicule de ses propos. Vous combattez en quelque sorte le feu par le feu. On peut illustrer cela par l'échange suivant :

– Qu'est-ce qu'il est moche ton pull !
– Peut-être, mais contrairement à ta gueule, moi, je peux en changer…

En utilisant cette stratégie, vous reprendrez le contrôle de l'échange, peu importe la finesse de votre réponse tant qu'elle reste amusante et en lien avec l'agression verbale dont vous êtes victime.

La compassion

Une tape amicale dans le dos n'est qu'à quelques vertèbres d'un bon coup de pied aux fesses… Un interlocuteur qui vous agresse cherche généralement à exprimer une émotion négative, ce qui est l'illustration typique d'un manque de reconnaissance : qu'il s'agisse de frustration, de jalousie, de colère… un tel comportement est la résultante d'un certain mal-être. Au fond, le fait de réagir de manière provocatrice et malveillante est lié à un sentiment de ne pas se sentir assez aimé et/ou reconnu.

Si vous considérez ainsi l'individu qui vous agresse, votre réaction sera plus empathique que colérique : il vous inspire plus de peine que de haine, plus de compassion que d'amertume. Par conséquent, au lieu d'être en colère contre lui, vous devez considérer son attitude avec condescendance et bienveillance.

La personnalisation

Le fait de mentionner le nom de l'individu qui vous fait face personnalise l'échange. N'oubliez pas que votre interlocuteur, aussi agressif soit-il, appréciera toujours de parler de son sujet préféré : lui-même. Évoquer son nom sur ton apaisé va attirer son attention et le calmer. Vous avez un doute là-dessus ? Eh bien, vous n'avez qu'à téléphoner au service après-vente de votre opérateur Internet défectueux et prendre une voix agacée : déjà, la personne qui va vous répondre va vous appeler par votre nom et – *a priori*, si elle a été bien formée aux techniques de communication – va adopter un ton calme et rassurant, ce qui induira naturellement chez vous une sensation d'apaisement.

Personnaliser l'échange vous permet de reprendre le contrôle de la situation et de donner à votre interlocuteur la capacité de reprendre le contrôle de lui-même. Cela le désarme ; au lieu d'endosser l'habit de l'adversaire qui vous est tendu, vous adoptez une attitude chaleureuse et bienveillante qui rassure et apaise votre agresseur. Cette stratégie est un outil de base de tout bon vendeur qui se respecte...

Baisser le son

Il s'agit là de la même stratégie que vous utilisez lorsque vous avez un bébé dans les bras qui pleure : vous parlez doucement, votre voix est calme et la tonalité apaisante de celle-ci suscite la sérénité chez lui. C'est une excellente technique à utiliser lorsqu'une personne ne veut pas se taire et/ou monte d'un ton. Si vous vous adressez à elle avec un timbre réconfortant et régulier, avec un volume sonore faible, elle finira par cesser de s'égosiller. Considérez ici votre interlocuteur comme un gros bébé qui a besoin de sa maman pour le réconforter.

Lâcher l'affaire

En parlant de bébés, vous souvenez-vous de quand vous étiez enfant et que votre petit frère/petite sœur pleurait parce qu'il/elle voulait s'amuser avec le même jouet que vous ? Pour sauver la face et rationaliser vos émotions face aux adultes, vous vous entendiez dire : « OK, bébé fait son caprice, je lui laisse le jouet. » Et là votre harceleur(se) se retrouvait totalement désarçonné(e) : ne souhaitant pas être traité(e) de bébé, il/elle s'éloignait de l'objet d'amusement tant convoité, voire il/elle jouait avec vous en faisant profil bas.

Peu de choses ont changé depuis l'enfance : si vous « lâchez l'affaire » face à votre agresseur, celui-ci a de fortes chances de se retrouver sans argument et vous reprenez alors le contrôle de l'échange. En allant dans son sens, vous lui coupez l'herbe sous le pied, il n'a plus la possibilité de s'opposer à vous. Il se retrouve pris de court et il est déstabilisé : de toute évidence, il n'avait pas prévu de se confronter à ses propres arguments…

Prends-moi la main…

Cette stratégie est l'une des plus classiquement utilisées en thérapie de couple. Le fait de s'aimer très fort ne protège pas des désaccords et des disputes. Si l'on n'y prête pas attention, la colère peut conduire à de l'agressivité et à des propos dévastateurs… Et comme vous avez pu le constater tout au long de cet ouvrage, les mots peuvent blesser durablement ! Il est donc classique de proposer aux deux protagonistes, lors d'une thérapie de couple, de se tenir la main lorsqu'une querelle éclate : aussi difficile que cela puisse paraître, à partir du moment où la discorde se manifeste, l'un des deux doit immédiatement prendre la main de l'autre. On note alors de manière quasi systématique un apaisement immédiat des tensions, et chacun communique son point de vue de façon bienveillante et respectueuse, tout en respectant ce que le/la partenaire a à dire.

Il s'agit là d'un outil relationnel très efficace. Soit dit en passant, celui/celle qui prend la main de l'autre en premier est souvent celui/celle qui contrôle la situation. Ainsi, lorsque vous vous retrouvez face à un interlocuteur agressif, le fait de lui toucher la main ou le bras de manière bienveillante peut vous donner un avantage non négligeable.

La main sur le cœur

Dans l'Antiquité, quiconque rencontrait un Romain s'inquiétait des armes éventuelles qu'il pouvait porter sur lui. Ainsi, lorsque le Romain en question posait sa main sur sa poitrine au niveau du cœur, il exprimait ainsi sa sincérité, son respect et sa bienveillance vis-à-vis de son interlocuteur car il prouvait qu'il n'avait aucune dague cachée. En communication non verbale, le geste de la main sur le cœur signifie aujourd'hui la sincérité, la pureté de conscience. On l'associe souvent à une main tendue, symbole encore plus puissant de solidarité et de générosité. Par conséquent, lorsque vous conversez avec votre agresseur verbal et que vous faites ce geste, vous transmettez un message de bienveillance qui peut vous donner un avantage certain : comprenant à quel point il vous a affecté, son comportement toxique s'en retrouve généralement affecté.

Le renforcement positif

Si vous soulignez les points positifs du comportement d'un individu, celui-ci aura naturellement tendance à les reproduire. Il s'agit là d'un principe de base des théories de l'apprentissage, et de l'éducation. Ce faisant, si vous vous retrouvez face à un interlocuteur agressif, vous pouvez utiliser cette stratégie pour reprendre le contrôle de l'échange et mieux gérer la situation. En effet, qui refuse d'entendre des choses agréables le concernant ? Cela a tendance à couper l'élan néfaste de la personne qui vous fait face… Même si elle sait qu'elle se comporte mal, le fait que vous mettiez en exergue un point positif chez elle booste son ego ; et si tel est le cas, il sera alors beaucoup plus difficile pour elle de vous agresser verbalement.

CHAPITRE 11

L'affrontement physique

Lorsqu'il est agressé, un individu qui n'est pas préparé physiquement et mentalement peut se retrouver paralysé par la peur : il se retrouve alors plongé dans un état de sidération. Un trauma est un événement qui, par sa violence et sa soudaineté, est à l'origine d'un afflux d'émotions suffisant pour mettre en échec les mécanismes de défense habituellement efficaces, ce qui entraîne à plus ou moins long terme une désorganisation dans l'économie psychique du sujet. La sidération est un état de stupeur, un phénomène qui fige l'individu dans une faillite psychologique au sein de laquelle les émotions semblent pratiquement absentes. Il s'agit d'un blocage affectif total qui protège la personne de la souffrance en s'en distanciant. Il arrive que le choc psychologique réactualise une blessure ancienne. De là, il est facile de faire le lien avec l'idée selon laquelle certains ont un « profil de victime » qui attire l'agresseur.

La sidération est à l'origine d'un état de stress intense qui peut durer plusieurs heures, et va se manifester par un comportement d'inhibition anxieuse qui n'est autre qu'un mécanisme de défense archaïque de camouflage dans un milieu naturel, ou un état d'agitation inadaptée. La verbalisation est souvent difficile, voire impossible. La victime se retrouve dans un comportement de repli sur elle-même avec parfois des pleurs et de l'angoisse, pouvant aller jusqu'à des tremblements et/ou des vomissements. Elle souffre par ailleurs d'une culpabilité omniprésente, pas toujours spontanée mais conséquente, et d'un sentiment de honte.

Être préparé en apprenant des techniques de self-défense réalistes et savoir comment réagir dans des circonstances stressantes peut être un atout inestimable. Il est important de se poser la question suivante : de quel soutien allez-vous disposer dans une situation de crise ? Concrètement, dans ce genre de configuration totalement inattendue, on est habituellement seul. Ce sentiment est généralement anxiogène, surtout si l'on ne sait pas quoi faire… L'objectif n'est pas de vivre dans un état de paranoïa continu avec l'impression de devoir défendre sa vie à chaque coin de rue, bien heureusement. Nul besoin d'installer une clôture électrique autour de sa maison, de s'entourer de gardes du corps ou d'adopter un pitbull pour dormir tranquille ! Le but est juste d'être préparé. De nombreuses lois sont en place pour nous protéger. Mais certains individus mal intentionnés ne se soucient pas de cela…

Un conflit réaliste a ses propres règles, sa propre dynamique, et est à l'origine d'une certaine peur, d'une appréhension tout à fait normale qui peut marquer durablement votre esprit. Essayer de gérer quelque chose d'aussi intense alors que vous ne l'avez jamais expérimenté ou que vous ne vous êtes jamais entraîné à cela, c'est comme essayer d'expliquer les sensations éprouvées en plongée sous-marine à quelqu'un qui souffre d'aquaphobie. Prenons un exemple : Sandrine se retrouve face à Laurent, un inconnu qui l'agresse verbalement car elle n'a pas de cigarette à lui offrir. Sandrine commence à ressentir une vague de chaleur l'envahir alors qu'un afflux de sang fait battre ses tempes. Elle lève les yeux et se rend compte que Laurent se rapproche d'elle, l'air belliqueux. Sandrine lui intime l'ordre de garder ses distances, mais l'homme continue d'avancer sans crainte apparente.

Après un rapide échange d'insultes, Sandrine décide de contrôler physiquement Laurent afin de mettre un terme à cette escalade d'agressivité : elle lui attrape le poignet droit. Laurent semble alors très calme et plutôt passif, mais l'instinct de Sandrine l'incite à se méfier : les genoux de Laurent sont très légèrement pliés et son menton est incliné sur le côté alors que son œil droit reste fixé sur elle.

Sandrine se rend compte que sa mâchoire est à présent serrée ; son ouïe est altérée, sa vue se tunnelise et elle remarque une forte odeur de brûlé, de cuir et de sueur. Elle se rend compte qu'elle a besoin de respirer plus calmement, car elle est maintenant dans la même dynamique que Laurent : ils comprennent tous les deux ce qui va se passer.

Sandrine essaie de se concentrer et, dans la pénombre, elle discerne une goutte de sueur qui ruisselle sur le visage de Laurent. L'homme et la femme se regardent dans les yeux, et Laurent prend une profonde inspiration. Alors que Sandrine tient le poignet droit de Laurent, ce dernier se retourne rapidement, lui balançant un violent coup de coude gauche. Sandrine protège sa tête avec son bras, de manière réflexe ; le coup est asséné mais sans grande conséquence. Laurent commence à hurler et tente une autre frappe. Sandrine se rend compte qu'elle n'aura pas d'aide extérieure malgré quelques badauds qui regardent, et se résout donc à pousser Laurent qui tombe à plat sur le dos. Sandrine prend alors la fuite. Elle a l'impression d'être dans un cauchemar ; elle ne souffre finalement d'aucune blessure grave, mais elle a le sentiment de ne pas reconnaître l'environnement, pourtant familier[1].

En définitive, l'échange n'a pas duré plus de quatre minutes. Ce laps de temps a semblé durer des heures. Bien que Sandrine n'ait subi aucun dommage physique majeur, l'ensemble de son corps est tendu et son esprit est en hypervigilance...

Revenons maintenant à vous, amis lecteurs. Aimeriez-vous vivre dix, vingt ou trente secondes de cette histoire ? Probablement pas. Mais cela ne dépend pas de vous. C'est l'agresseur qui décide du jour et de l'heure, pas vous. Que feriez-vous si vous vous retrouviez dans la situation de Sandrine ? Comment réagiriez-vous ?

Bienvenue dans le monde de la self-défense et de ses principes fondamentaux.

La self-défense n'est pas la légitime défense

Il s'agit là d'une problématique encore objet de nombreuses controverses. En effet, la légitime défense[2] permet de se défendre, de protéger quelqu'un ou un bien lors d'une attaque immédiate par une personne. Les moyens utilisés lors de cette défense sont interdits dans une autre situation.

1. C'est ce que l'on appelle un sentiment de déréalisation : il s'agit d'une altération de la perception ou de l'expérience du monde extérieur qui apparaît étrange, irréel.
2. https://www.service-public.fr/particuliers/vosdroits/F1766.

C'est la justice qui vérifie si la riposte, utilisée pour se défendre, est un cas de légitime défense.

Les six conditions de la légitime défense selon la loi

1. L'attaque doit être injustifiée, c'est-à-dire sans motif valable.
2. La défense doit se faire pour soi ou pour une autre personne.
3. La défense doit être immédiate.
4. La défense doit être nécessaire à sa protection, c'est-à-dire que la seule solution est la riposte.
5. La défense doit être proportionnelle, c'est-à-dire égale à la gravité de l'attaque.
6. La défense d'un bien ne doit pas avoir pour conséquence un homicide volontaire, c'est-à-dire entraîner la mort d'une personne.

Il y a une **présomption** de légitime défense dans les cas suivants :

- la nuit, dans un lieu habité, une personne repousse une personne entrée par effraction, violence ou ruse ;
- une personne lutte contre un vol ou un pillage fait avec violence.

La self-défense en pratique

Dans bon nombre de conflits qui dégénèrent, la question qui prime est celle de l'ego. Ainsi, certains individus vont se sentir offensés par une remarque, par un simple regard, voire par une allusion innocente, et vont dans ce cas vous agresser. Une telle attitude vous met en danger et valide en elle-même l'intérêt d'apprendre quelques techniques simples vous permettant de préserver votre intégrité physique et psychique.

L'idée que l'on se fait de la self-défense est souvent éloignée de la réalité. Le point de vue, les opinions et les croyances de la plupart des gens concernant les moyens à mettre en œuvre pour se protéger sont fortement influencés par les émissions de télévision, les mauvais entraîneurs, les ouï-dire et les combats chorégraphiés des films hollywoodiens. Le véritable but de la self-défense est avant tout de **développer la capacité à éviter le conflit** ; si ledit conflit est inévitable, alors – et seulement dans ce cas – il s'agit d'utiliser des techniques simples, efficaces, visant à mettre un terme le plus rapidement possible à l'affrontement. Et l'objectif est d'être capable de faire cela dans des conditions de stress intense, car l'agression n'est jamais vécue sereinement.

En situation réelle, il n'y a pas de règles, pas d'arbitre, pas d'environnement sécurisé et, très probablement, pas d'aide extérieure. Votre agresseur choisira toujours l'heure, le lieu et l'angle d'attaque ; vous n'aurez pas ce luxe. Quel que soit le résultat, vous ne recevrez pas de trophée, pas de ceinture de champion ou de médaille du courage.

Qu'est-ce qui déclenche l'agression ? Comme nous l'avons vu plus avant, un simple regard peut être à l'origine du conflit. Dans la plupart des cas, votre agresseur est un parfait inconnu qui ne se soucie ni de votre position sociale, ni de votre statut familial. Vous serez pour lui au mieux une opportunité, au pire un incident de parcours. C'est pourquoi la capacité d'éviter le conflit – développée dans la première partie de l'ouvrage que vous tenez entre vos mains – est si importante.

Un maître mot : l'opportunité

Lorsqu'un prédateur est en quête d'une proie, il recherche essentiellement une chose : l'opportunité. Cette dynamique comportementale est en fait à l'origine de la plupart de nos prises de décision. Prenons quelques exemples de notre quotidien :

- vous vous garez sur la place la plus proche du centre commercial, plutôt que de choisir celle qui est à l'autre bout du parking ;
- vous investissez dans une action lorsque son cours est le plus attractif, plutôt que d'attendre que sa valeur remonte ;
- vous privilégiez vos achats en période de soldes, plutôt que de changer de garde-robe lorsque les prix sont élevés ;
- vous participez à une formation pour développer vos compétences, plutôt que de vous inscrire à des cours qui ne vous servent à rien ;
- vous postulez pour l'emploi le mieux rémunéré disponible, plutôt que de viser un poste moins bien payé que le vôtre ;
- vous vous dirigez vers la file comportant le moins de véhicules lorsque vous arrivez au péage, plutôt que de vous placer là où il y a le plus de monde…

On pourrait multiplier les illustrations à l'infini. Dans le contexte de la self-défense, c'est la même chose : à partir du moment où une opportunité vous est offerte, il faut la saisir. Mettez-vous à présent dans la peau d'un assaillant qui cherche à attaquer une forteresse. Les portes sont-elles verrouillées ? Les murs sont-ils trop hauts pour les escalader ? Y a-t-il des gardes, des chiens, ou des douves à traverser ? Quelqu'un peut-il vous voir venir de loin et donner l'alarme ? Si vos chances de succès sont faibles, vous passerez probablement à autre chose, car il y a toujours une cible plus aisée à atteindre. C'est ainsi qu'un agresseur potentiel vous évalue.

L'adaptation proactive à la situation

Lorsque vous conduisez votre voiture, vous regardez devant vous tout en étant vigilant aux piétons qui traversent, aux éventuels obstacles qui se dressent devant vous, aux panneaux de signalisation, aux feux rouges, etc. Souvenez-vous : lorsque vous avez pris le volant pour la première fois, vous étiez tellement nerveux et crispé que vous ne pouviez même pas regarder plus loin que le capot de votre véhicule. C'est ce qu'on appelle la vision tunnelisée[1]. Aujourd'hui, conduire est pour vous comme une seconde nature. Votre esprit s'est adapté à la situation anxiogène et gère toutes les séquences motrices nécessaires sans stress excessif.

Tout comme votre cerveau s'est progressivement habitué à conduire une voiture sans stress excessif, il peut traiter les informations concernant les personnes qui vous entourent, les lieux au sein desquels vous évoluez et les événements auxquels vous êtes confronté, et formuler des réponses proactives qui peuvent empêcher l'avènement de situations dangereuses. Cette capacité à prévoir et à éviter les ennuis, sans pour autant devenir paranoïaque, peut être acquise grâce à une formation et une éducation réaliste à la self-défense, et devenir peu

1. La vision tunnelisée est une perte de la vision périphérique avec rétention de la vision centrale, ce qui a pour conséquence une perception circonscrite et circulaire de l'environnement, un peu comme si vous regardiez vers la sortie d'un tunnel. Ce phénomène survient classiquement lors d'un stress aigu.

à peu une seconde nature. Ce type d'adaptation proactive aux diverses situations éventuellement problématiques est un atout important si l'on souhaite éviter le conflit.

Mais que faire si, pour une raison quelconque, vous ne pouvez pas vous soustraire à une situation dangereuse ? Il est alors nécessaire d'avoir accès à des compétences, des connaissances, des capacités de prise de décision et des aptitudes cognitives spécifiques. Si vous n'utilisez pas vos habiletés psychiques et que vous ne comptez que sur vos facultés physiques – même si vous êtes hyperentraîné –, il est probable que le résultat final ne soit pas à la hauteur de vos attentes.

Un entraînement de self-défense intense et régulier effectué sans l'élément de réalité permet de se maintenir en forme, mais ne suffit pas à se préserver de manière suffisante. Les conflits de la vie réelle ne ressemblent en rien à ceux que nous voyons à la télévision, dans les sports de combat en salle ou au cinéma. C'est pourquoi une formation qui associe l'esprit et le corps dans une optique d'efficacité maximale est si importante.

Les 3 A : acuité, alarme et action

Votre première ligne de défense est d'éviter le conflit en vous dispensant de vous transformer en cible lors du processus de sélection d'un agresseur potentiel. Mais dans certains cas, malgré tous vos efforts, la confrontation reste inéluctable. Par conséquent, il est important de se préparer au pire. Tout conflit comporte trois étapes : l'Acuité, l'Alarme et l'Action (Palazzolo et Pinna, 2005).

- **L'acuité.** Pendant la phase d'acuité sensorielle, vous vous trouvez dans un état de vigilance extrême (vous êtes *aware*) vis-à-vis de vos sensations corporelles et de votre environnement. L'objectif est d'être continuellement dans ce mode de configuration émotionnel afin d'éviter le conflit. En effet, cet état de conscience vous permet de réaliser le plus précocement possible qu'un danger vous guette, et ce avant même que la situation ne devienne incontrôlable. Lorsque vous vous trouvez dans cette phase d'acuité sensorielle, vous êtes capable de répondre spontanément aux questions suivantes :

- Où êtes-vous ?
- Qui est autour de vous ?
- Où se trouve l'issue la plus proche ?
- Les conditions environnementales sont-elles favorables ?
- Votre sécurité personnelle est-elle susceptible d'être mise à mal ?
- Remarquez-vous des détails suspects ?
- Que vous dit votre instinct ?

• **L'alarme.** Lorsque vous vous rendez compte que quelque chose ne va pas, vous entrez dans la phase d'alarme. Même si vous ne savez pas encore exactement ce qui cloche – ou si vous repérez précisément le problème –, vous vous retrouvez dans un état de conscience accrue. C'est la manière dont votre corps se prépare à faire face à une situation de crise. Il est encore temps de changer de cap et, espérons-le, d'éviter le conflit potentiel.

Les situations de stress engendrent une série de comportements le plus souvent désordonnés et associés à une exacerbation de la vigilance et de l'état émotionnel. Il peut s'agir d'une accélération des activités automatiques avec engagement irréfléchi dans des gestes et mouvements exécutés en vitesse, mais sans but et sans précision. Dans certains cas, on peut constater la présence d'une suspension – voire une inhibition – des activités avec vide de la pensée, troubles de la mémoire, impression de paralysie et d'incapacité. D'autres fois, les modifications émotionnelles créeront un état d'angoisse et d'affolement important, voire un état de panique amenant à des activités stéréotypées et inefficaces. L'expression verbale peut être accélérée, avec un discours plus ou moins cohérent qui peut se rapporter à l'événement en cause et à la signification qu'il prend pour vous à l'instant T. D'autres fois encore, vous êtes peu bavard, voire muet. Cette éventualité est souvent associée à un état d'inhibition motrice. Dans tous les cas, vous ressentez ces phénomènes comme une rupture d'ordre psychologique. Certains signes ne trompent pas et sont la preuve que vous êtes dans la phase d'alarme :

- sentir que quelque chose ne va pas ;
- reconnaître une menace potentielle ;
- la réflexion s'accélère ;
- une perte auditive et visuelle (vision tunnelisée) se produit ;
- la capacité de prise de décision est altérée ;
- le souffle est court ;
- diverses manifestations neurovégétatives (qui ne dépendent pas de votre volonté) sont ressenties de manière intense et stéréotypée, comme en témoignent l'accélération du rythme cardiaque, l'hypertension artérielle, l'hypersudation (sueurs profuses)…

Cette phase ne dure pas longtemps, de quelques minutes à quelques heures tout au plus. C'est la réaction de stress proprement dite, identique quel que soit l'agent agresseur (personne, situation précise, environnement global). Elle s'exprime de la même façon chez tous les individus. Seule son intensité varie. L'hyperactivation des systèmes corticotrope (sécrétion importante de cortisol) et nerveux sympathique a pour seul but la mobilisation énergétique pour assurer l'effort adaptatif. Elle met à disposition les réserves de glucose par glycogénolyse (utilisation des réserves de sucre) d'abord, et par lipolyse (utilisation des réserves de graisse) ensuite. Une oxygénation optimale est assurée par l'accélération du rythme respiratoire et de la fréquence cardiaque responsable d'une augmentation du débit sanguin. Cette énergie est principalement orientée vers les organes qui interviennent dans l'effort adaptatif (cerveau et muscles).

• **L'action.** Désormais, il n'y a plus de doute – que vous le vouliez ou non, vous êtes en situation de conflit. Quel que soit le degré de l'altercation, il vous faut agir. Votre intégrité est menacée. L'efficacité de votre réponse déterminera l'issue de cette situation. Plusieurs réponses sont envisageables lors de cette phase :

– s'éloigner ;
– se défendre ;
– se laisser gagner par la panique/la sidération ;
– attaquer ;
– contre-attaquer.

En reconnaissant le caractère potentiellement préjudiciable du conflit à l'étape d'acuité sensorielle ou lors de la phase d'alarme, vous pourrez probablement éviter l'action. N'oubliez pas qu'il s'agit d'un système de défense naturel et intuitif, alors écoutez-le !

Le contrôle de la peur et de la panique

Aspects situationnels

Face à une situation qui pourrait s'avérer dangereuse – voire fatale –, bon nombre de personnes se retrouvent, comme nous l'avons vu précédemment, en état de sidération. Lorsque nous sommes submergés par la peur et la panique, nos capacités mentales et physiques sont considérablement altérées. Vous êtes-vous déjà retrouvé face à un stress très important de type compétition sportive, discours officiel ou examen oral ? Si tel est le cas, vous savez combien il peut être difficile d'affronter les choses et comment vous pouvez être littéralement pétrifié par l'anxiété. Imaginez maintenant que vous ayez à vous mesurer à une épreuve où votre vie est en jeu. Dans de telles circonstances, la peur peut être paralysante. Si vous n'apprenez pas à la contrôler, les conséquences peuvent être problématiques…

La peur et la panique ne disparaissent jamais complètement – et il ne serait pas souhaitable que ce soit le cas. Mais en les contrôlant, il est possible de les utiliser à votre avantage. Lorsqu'elles sont correctement canalisées, ces émotions affûtent vos sens lors d'une confrontation. Cela peut également augmenter votre force et améliorer votre temps de réaction (Palazzolo, 2020). Plusieurs fonctions sont affectées lors d'un conflit :
– la vision ;
– l'audition ;
– la capacité de prise de décision ;
– la perception du temps ;

– les capacités cognitives (principalement la mémoire de travail) ;
– la perception de la douleur ;
– l'équilibre et le contrôle de sa position ;
– le timbre et le volume de la voix.

Avec une formation adaptée et de l'expérience, il est possible de contrôler les conséquences délétères physiques et psychiques de la peur et de la panique, et de les utiliser à votre avantage au lieu de les laisser vous envahir. L'objectif est de mettre en application des stratégies spécifiques afin de renforcer vos capacités et de dépasser ces barrières paralysantes et limitatives. La pratique d'un art martial réaliste et un entraînement régulier à la self-défense peuvent vous aider à gérer une situation de crise et vous permettre de vous adapter à la peur et à la panique.

Imaginez-vous sur un stand de tir pour la première fois. Vous êtes à l'accueil, et même si vous savez que vous êtes en parfaite sécurité et à distance de toute arme à feu, vous sursautez à chaque fois que vous entendez une détonation. Puis vous remarquez que les employés du club et les clients réguliers vaquent à leurs occupations comme si de rien n'était. Et après quelques minutes passées au sein de cet environnement, vous constatez que vous non plus vous ne faites plus cas des coups de feu. Et que ressentiez-vous la première fois que vous êtes monté sur des montagnes russes ? Vous étiez probablement terrorisé et bien calé tout au fond de votre siège. Mais à force de prendre le même manège, à force de vous exposer à cette même situation anxiogène, vous avez réussi à vous détendre et même à sourire devant la caméra qui vous filmait.

La formation à la réalité (ce que l'on appelle l'exposition *in vivo*) a le même effet. Lorsque vous vous entraînez de manière réaliste, votre corps et votre esprit intègrent ces sensations et s'en souviendront si vous vous retrouvez pris dans une altercation. Vous éprouverez toujours de la peur et de l'anxiété, mais vous contrôlerez vos émotions et resterez maître de votre comportement, ce qui vous donnera le dessus. Laissez la peur et la panique servir d'avertissements qui vous préparent à l'action, et non d'émotions qui vous submergent.

Aspects psychologiques

L'adrénaline libérée dans le sang lors d'une agression va affecter votre manière de penser ; en plus de préparer le corps à une action physique, cette substance va stimuler vos capacités cognitives en vue d'une réaction appropriée. Attention à ne pas les interpréter d'une manière inadaptée : n'oubliez jamais qu'une pensée n'est qu'une production de votre cerveau, elle n'aura que le pouvoir que vous allez lui donner. Voici une petite liste non exhaustive de cognitions et d'émotions que vous pouvez avoir dans une situation anxiogène :

- sentiment de peur et de panique ;
- peur de perdre le contrôle ;
- peur de devenir fou ;
- peur de mourir ;
- sensation imminente d'être victime d'une crise cardiaque ou d'un accident vasculaire cérébral ;
- crainte d'être malade, sensation de faiblesse ;

– sentiment que votre agresseur se rend compte de votre état de panique ;
– impression de pensée accélérée ;
– sensation de vous sentir étranger dans votre propre corps (dépersonnalisation) ou dans un environnement pourtant familier (déréalisation) ;
– envie de fuir sans se préoccuper des conséquences ;
– sentiment d'être sur le fil du rasoir…

Il est probable que vous soyez victime du même scénario cognitif à chaque fois, même si la situation est différente. Vous allez vite vous apercevoir que vos réflexions sont alors systématiquement négatives, et que s'est progressivement constitué un schéma de pensée catastrophique selon lequel le pire va se produire. De même, vous aurez probablement tendance à tout voir en noir à ce moment-là : il n'y a pas de juste milieu, c'est ce que l'on appelle une dynamique manichéenne[1].

En plus de développer un sentiment de peur – voire de panique – lors d'une situation problématique, votre esprit va probablement se focaliser sur votre environnement, avec la désagréable sensation que quelque chose de terrible va se produire. Ces pensées aggravent l'inquiétude initiale et stimulent la réponse adrénergique. Il est tout à fait possible de déclencher une crise d'angoisse, simplement en pensant à des symptômes anxieux : ne vous est-il jamais arrivé de vous sentir inquiet avant même de vous retrouver dans la situation redoutée, et d'avoir la « peur d'avoir peur » ? Cette « anxiété d'anticipation », en dehors du fait qu'elle peut être bien plus difficile à affronter que l'événement lui-même, sert

1. Là, aucune demi-mesure : tout est noir ou tout est blanc, pas de gris !

à préparer votre corps à l'attaque de panique. Cela explique pourquoi, si vous avez peur d'être agressé dans le métro, vous allez vous sentir incapable d'utiliser ce moyen de transport, mais, dans l'urgence, vous allez vous surprendre à accomplir des miracles ! La plupart des personnes souffrant d'anxiété pathologique détestent les rendez-vous fixés à l'avance…

Face à un même événement, nous n'allons pas tous réagir de la même manière. La façon dont nous nous comportons dans une situation donnée est directement liée à nos processus de pensée (Palazzolo, 2023a). Cela étant dit, nous ne sommes heureusement pas condamnés à penser de la même manière tout au long de notre vie. En identifiant nos pensées dysfonctionnelles et en apprenant à penser différemment face aux expériences du quotidien, nous pouvons modifier la manière dont nous vivons ces expériences, et parvenir à nous comporter différemment.

La plupart du temps, nous sommes convaincus de certaines choses nous concernant ou concernant notre environnement, ces convictions étant validées par des preuves extérieures. Cependant, à y regarder de plus près, on s'aperçoit que nous sommes très sélectifs s'agissant de ces « preuves » : ainsi, un sujet anxieux va se focaliser sur un environnement qu'il va juger nocif, même si cet environnement ne risque pas de lui causer de tort (*a priori*, toute personne qui vous demande l'heure n'est pas nécessairement un agresseur potentiel…).

Nos émotions sont le fruit de nos pensées

C'est là un principe important qu'il vous faut connaître : ce n'est pas le monde extérieur qui est la cause de vos émotions et de votre humeur, mais seulement la représentation que vous en avez et les pensées qui vous traversent l'esprit.

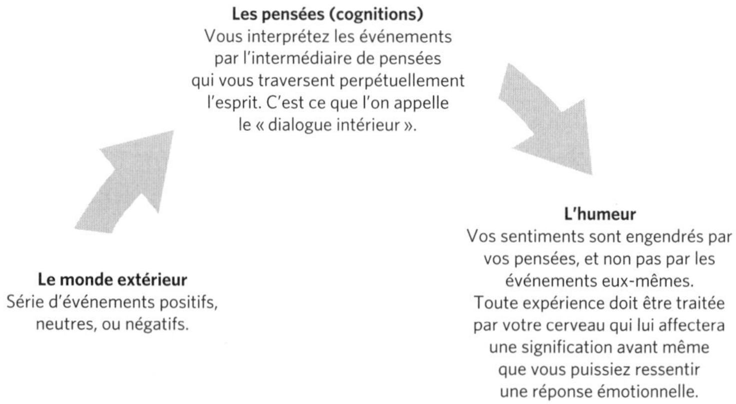

Figure 15

La plupart du temps, vous n'êtes pas conscient de vos processus de pensée, et vous en venez progressivement à vous créer des croyances inadaptées appelées « distorsions cognitives » (par exemple en tirant des conclusions sans preuve). Ces distorsions cognitives sont problématiques, non seulement parce qu'elles sont pour la majorité inexactes, mais aussi parce qu'elles contribuent à faciliter l'apparition d'émotions négatives et/ou l'évitement de situations anxiogènes (Palazzolo, 2023b).

EN PRATIQUE
Reconnaître les distorsions cognitives

Cette liste des distorsions cognitives les plus répandues pourra vous aider à repérer les vôtres.

1. **La pensée dichotomique (principe du tout ou rien)** : c'est le fait de penser que si une chose n'est pas exactement comme nous le souhaitons, alors il s'agit d'un échec. Il s'agit d'une perte totale des nuances. Exemples : « Si je n'ai pas été embauché, c'est que je ne vaux rien », « Si je n'ai pas 20 sur 20 à cet examen, c'est que je suis nul. » Dans ces conditions, avoir 18 sur 20 à un examen, ou n'être « que » le second de sa promotion peuvent être perçus comme des échecs cuisants.
2. **La surgénéralisation** : on construit des règles pour son comportement futur à partir de quelques événements négatifs passés. Exemple : « Il n'a pas voulu sortir avec moi ; je vois bien que je n'arriverai jamais à sortir avec un garçon. » Avec la surgénéralisation, un seul événement négatif peut influer sur tout le comportement à venir d'une personne qui se voit alors vouée à l'échec.
3. **L'abstraction sélective** : c'est un filtre mental qui ne laisse percevoir que le côté négatif des choses. On se focalise sur les détails déplaisants, ce qui nous conduit à voir l'ensemble en négatif. Exemple : une personne passe une soirée avec des gens agréables et intéressants, elle s'amuse, elle danse... Jusqu'à ce que quelqu'un renverse du café sur sa chemise ! À cause de cet incident, elle en conclut que la soirée est totalement gâchée. Autre exemple : un joueur de tennis gagne lors d'une rencontre sportive, mais au lieu de s'en réjouir, il passe plusieurs jours à ressasser les erreurs qu'il a commises pendant le match et à s'en faire le reproche.
4. **La disqualification du positif** : on transforme une expérience neutre ou positive en expérience négative. Exemple : on me fait un compliment, j'en déduis que « Tout le monde sait que c'est

faux, on me dit ça juste pour me faire plaisir », ou encore : « Le soutien des gens qui m'aiment ne compte pas, ils ne connaissent pas ma vraie nature. » C'est une sorte d'alchimie inversée où l'on transforme de l'or en plomb.

5. **L'inférence arbitraire** : on tire des conclusions sans preuve. Par exemple : « Mon patron m'a regardé de travers, il pense certainement me licencier. »
6. **La maximalisation et la minimalisation** : on exagère ses erreurs et on minimise ses points forts. Exemple de maximalisation : « J'ai fait une erreur au travail, tout le monde va le savoir et je serai complètement ridicule aux yeux de tous ». Exemple de minimalisation : « J'ai trouvé la solution au problème, mais c'est simplement parce que j'ai eu un coup de chance. »
7. **Le raisonnement émotionnel** : c'est se servir de ses sentiments comme s'il s'agissait de preuves. Exemples : « Je me sens désespérée, donc mes problèmes doivent être impossibles à résoudre » ; « Je ne me sens pas de taille à affronter une situation, donc je suis une looseuse » ; « Si je suis angoissée tout le temps, c'est bien qu'il y a quelque chose qui ne va pas. »
8. **Les fausses obligations** : on se fixe arbitrairement des buts à atteindre (« Je dois, je devrais... »). Exemples : « Je dois absolument faire le ménage chez moi. » Résultat : si on n'atteint pas ses objectifs, on se sent coupable. On peut également appliquer cette règle pour les autres (« On me doit... ») : « Après tout ce que j'ai fait pour lui, il pourrait au moins m'être reconnaissant. » Cela conduit à un sentiment d'amertume, de ressentiment, et à l'idée que l'on est la seule personne à se conduire correctement vis-à-vis des autres.
9. **L'étiquetage** : ce sont des jugements définitifs et émotionnellement chargés que l'on porte sur les autres ou sur soi-même. Exemples : « Cette personne est un monstre » ; ou dire « Je suis complètement nul » au lieu de dire « J'ai fait une erreur ».
10. **La personnalisation** : c'est se sentir responsable du comportement des autres. Exemples : « Si mon fils ne travaille pas à l'école,

c'est parce que je suis une mauvaise mère », « Ce qui arrive est ma faute ». La personnalisation conduit à un sentiment de culpabilité. C'est l'erreur consistant à penser que l'on peut gérer la vie des autres (alors que l'on ne peut que l'influencer éventuellement).

En cas d'angoisse d'anticipation

Si vous vous sentez démuni face à certaines situations, que vous évitez régulièrement certains endroits, que vous ne vous livrez pas à des activités habituelles par peur d'une agression, ne vous inquiétez pas, il n'est pas trop tard pour modifier votre comportement. La meilleure façon de le faire est de vous fixer des objectifs de manière progressive ; cette technique, appelée « **désensibilisation systématique** », implique de vous exposer régulièrement (un minimum de deux fois par semaine) pendant un temps suffisant (minimum 45 minutes) à des situations classées de la moins anxiogène à la plus anxiogène. La situation listée en premier doit être relativement facile à réaliser, et la dernière n'est certainement pas envisageable pour l'instant, mais après plusieurs expositions, vous vous sentirez de taille à l'affronter.

Il est important de vous fixer des objectifs simples au début, qui peuvent être facilement atteints. Si vous mettez la barre trop haut, vous risquez de vous retrouver dans une dynamique d'échec, et ça, c'est justement ce qu'il faut absolument éviter ! Vous devez vous mettre dans la peau d'un sportif de haut niveau : l'entraînement doit être progressif mais soutenu, il ne faut pas se faire un claquage musculaire ni stagner…

Choisir la réponse adaptée à l'agression

Si, après tous les conseils précédemment prodigués dans cet ouvrage, vous en arrivez à la conclusion que l'attaque physique est imminente et que vous n'avez pas d'autre choix que de vous défendre, vous devez alors être prêt à utiliser des techniques appropriées. Gardez en tête la liste hiérarchique de stratégies à adopter selon l'évolution de la situation.

L'ordre à suivre des stratégies de réponse à une agression

1. Ignorer votre agresseur.
2. Le raisonner.
3. Attirer l'attention d'autres personnes en n'hésitant pas à crier : « À l'aide ! »
4. Activer une alarme personnelle si vous en avez une, et fuir.
5. Donner votre portefeuille/votre téléphone/votre sac/votre manteau... et fuir.

Dans la plupart des cas, la meilleure option pour échapper à un agresseur est d'abandonner vos affaires en échange de votre sécurité... Cependant, s'il est clair que vous ne serez pas aidé par d'autres personnes, que vous ne pouvez pas raisonner votre agresseur et/ou qu'il vous est impossible de vous échapper, vous devez vous préparer à combattre.

Votre attitude lui donne alors un signal très clair : vous n'êtes pas une proie facile. Sachant que, si vous avez passé en revue toutes les étapes précédemment citées, et que vous êtes alors convaincu qu'il vous faut affronter physiquement votre agresseur, il vous faudra :

– agir vite ;
– frapper fort.

Je vous renvoie à ce propos à la devise de la série télévisée *Cobra Kai* : « *Strike first, strike hard, no mercy*[1]. » Et cela sans avoir peur de cibler les parties sensibles du corps (Palazzolo et Sola, 2019). Vous voici pleinement dans le domaine de la self-défense !

1. « Frappez le premier, frappez fort, sans pitié. »

Conclusion

Le concept global face à une agression – qu'elle soit verbale ou physique – est d'apprendre à se préserver grâce à des techniques simples, performantes et accessibles à tous. L'objectif est donc d'assimiler une stratégie complète qui permet de se maintenir en bonne forme psychique et corporelle, de réagir de manière efficace et de vivre sereinement. Pour bon nombre de gens, une telle dynamique se réfère essentiellement à la réalisation d'exercices répétitifs. Et pourtant, développer une aptitude à se protéger dans toutes les situations du quotidien ne se limite pas à acquérir de la force musculaire, mais cela passe également par une certaine affirmation de soi.

Globalement, il s'agit alors de pouvoir exprimer ses émotions, ses pensées et ses opinions dans l'optique de défendre ses droits tout en respectant ceux des autres ; cela de façon directe, honnête et appropriée. Une telle habileté résulte d'un apprentissage quotidien et d'une constante remise en question.

L'objectif est donc, dans un premier temps, de mieux connaître et de mieux utiliser certaines notions élémentaires de psychologie, plus particulièrement en ce qui concerne trois aspects :

- les **émotions**, les pensées et les opinions (apprendre à bien identifier ses propres émotions, pensées et opinions) ;
- les **droits** (apprendre à reconnaître ses droits, ainsi que ceux des autres) ;
- la **communication** (s'entraîner à utiliser les moyens appropriés pour améliorer la qualité des échanges interpersonnels, c'est-à-dire partager clairement ses émotions, ses pensées et ses opinions et faire respecter ses droits tout en respectant ceux des autres).

Par ailleurs, il est nécessaire de garder en tête qu'il y aura toujours des voleurs qui veulent prendre ce qui n'est pas à eux et des agresseurs dont le seul but est de blesser ou d'humilier les autres. La self-défense vous permet de disposer des outils nécessaires pour vous protéger du danger. Nombreuses sont les raisons pour qu'une personne décide d'y faire appel. Notamment pour protéger son intégrité, celle de sa famille, de ses biens ou de toute autre personne contre une tentative d'attaque ou une menace extérieure. Selon un principe universellement accepté, il est légitime de se protéger d'un éventuel préjudice dans des circonstances appropriées.

La self-défense n'est pas seulement réservée à des personnes dotées d'un certain avantage physique. Elle ne consiste pas non plus en une volonté de blesser un autre individu. Il s'agit tout simplement de suivre votre instinct de survie et de protection. Cela ne signifie pas être violent, mais plutôt de trouver une solution pragmatique face à un problème réel.

Il s'agit plus d'une attitude globale que de techniques agressives. Il n'est pas non plus question de stratégies martiales en vue d'un événement spécifique survenant à un moment et à un endroit bien déterminés contre un adversaire connu en suivant un ensemble de règles précises. Comme vous avez pu le constater tout au long de cet ouvrage, l'objectif est de vous préparer à bien réagir (physiquement et psychiquement) quand vous vous y attendez le moins. La menace peut survenir à tout moment, et particulièrement lorsque vous êtes distrait ou que vous vous sentez vulnérable. Dans la plupart des cas, vous ferez face à un nombre inconnu d'adversaires sans aucune règle. Pourtant, contrairement à un combat sur un ring, vous n'avez pas besoin de gagner, mais de survivre, et c'est à cela qu'il faut vous préparer. Il existe cinq principes à respecter dans ce contexte. Ces principes incluent des lignes directrices qui, lorsqu'elles sont correctement suivies, constituent la méthode de protection individuelle la plus complète et la plus efficace.

Les principes de la self-défense

- Examiner l'acte d'agression du point de vue de l'auteur : en quoi, comment et pourquoi cet acte constitue-t-il une offense ?
- Développer les options les plus adaptées.
- Gagner du temps en apprenant à mettre en pratique de manière réaliste les solutions qui s'offrent à vous.
- Intégrer la relation corps/esprit dans des stratégies de défense efficaces.
- Prendre conscience de soi, de son environnement et des risques potentiels afin d'éviter le dommage.

Il est probable que les techniques pratiques développées dans cet ouvrage ne soient pas immédiatement naturelles pour vous. En effet, les stratégies psychologiques et physiques deviennent plus familières avec un entraînement régulier, et, en pratiquant, vous allez vite vous rendre compte que vous êtes capable de bien plus que ce que vous ne pensiez. L'objectif est d'acquérir de nouvelles compétences et de les renforcer au fil du temps.

L'aspect le plus important est, en réalité, la préparation mentale. Le but est donc d'éduquer votre esprit et votre corps à faire face aux menaces éventuelles. Nous l'avons vu, le stress rend difficile l'adaptation à des circonstances que nous n'avons pas rencontrées auparavant ou que nous ne sommes pas préparés à affronter.

J'espère que le livre que vous tenez entre vos mains vous permettra de réagir de manière efficace et sereine à toute agression éventuelle, qu'elle soit verbale et/ou physique.

Now water can flow… or water can crush. Be like water, my friend[1] !

---

1. « Maintenant l'eau peut couler… ou l'eau peut briser. Sois comme l'eau, mon ami ! »

Références bibliographiques

Berjot, S., Delelis, G. (2020), *Les 30 Grandes Notions de psychologie sociale*, Dunod.

Cariou-Rognant, A. M., Chaperon, A. F., Duchesne, N. (2014), *L'Affirmation de soi par le jeu de rôle*, Dunod.

Caron, J. (2018), « Pourquoi partager le pouvoir ? », *Projet*, 2 (363), p. 15-20.

Chaloult, L. (2014), *L'Affirmation de soi*, https://tccmontreal.files.wordpress.com/2018/09/l_affirmation-de-soi-version-isbn-2018.pdf.

Cohen, G. L., Garcia, J. (2005), « "I am us" : Negative stereotypes as collective threats », *Journal of Personality and Social Psychology*, 89, p. 566-582.

Gilbert, D. T., Pinel, E. C., Wilson, T. D., Blumberg, S. J., Wheatley, T. P. (1998), « Immune neglect : A source of durability bias in affective forecasting », *Journal of Personality and Social Psychology*, 75, p. 617-638.

Glass, L. (1999), *The Complete Idiot's Guide to Verbal Self-Defense*, Alpha books.

Greenwald, A. G. (1980), « The totalitarian ego : Fabrication and revision of personal history », *American Psychologist*, 35, p. 603-618.

Kruger, J. M., Dunning, D. (1999), « Unskilled and unaware of it : How diffculties in recognizing one's own incompetence lead to inflated self-assessments », *Journal of Personality and Social Psychology*, 77, p. 1121-1134.

Kunda, Z. (1987), « Motivated inference : Self-serving generation and evaluation of causal theories », *Journal of Personality and Social Psychology*, 53, p. 636-647.

Major, B., Spencer, S. J., Schmader, T., Wolfe, C., Crocker, J. (1998), « Coping with negative stereotypes about intellectual performance : The role of psychological disengagement », *Personality and Social Psychology Bulletin*, 24, p. 34-50.

Nordström, B., Nyberg, L., Ekenberg, L., Näslund, A. (2014), « The psychosocial impact on standing devices », *Disabil. Rehabil. Assist. Technol.*, 9 (4), p. 299-306.

Palazzolo, J., Pinna, C. (2005), *Apprendre à gérer son stress. L'expérience d'un champion, l'expérience d'une vie*, Chiron.

Palazzolo, J., Pinna, C. (2007), *Coachez votre vie*, Odile Jacob.

Palazzolo, J., Sola, A. (2019), *Gérer les conflits et l'agressivité au quotidien*, Josette Lyon.

Palazzolo, J. (2020). *La Psychologie positive*, PUF, « Que sais-je ».

Palazzolo, J. (2021), *Ma bible des TCC*, Leduc.

Palazzolo, J. (2023a), *Se soigner par les TCC*, Enrick B. Éditions.

Palazzolo, J. (2023b), *Les Essentiels des TCC*, Hermann.

Sardinha, L., Maheu-Giroux, M., Stöckl, H., Rachel-Meyer, S., García-Moreno, C. (2022), « Global, regional, and national prevalence estimates of physical or sexual, or both, intimate partner violence against women in 2018 », *The Lancet*, 399 (10327), p. 803-813.

Steele, C. M. (1988), « The psychology of self-affirmation : Sustaining the integrity of the self », *in* L. Berkowitz (dir.), *Advances in Experimental Social Psychology*, volume 21, Academic Press, p. 261-302.

Sutton, C. (2009), *The Psychology of Self-Defense*, CES Publishing.

Taylor, S. E. (1983), « Adjustment to threatening events : A theory of cognitive adaptation », *American Psychologist*, 38, p. 1161-1173.

Taylor, S. E., Brown, J. D. (1988), « Illusion and well-being : A social psychological perspective on mental health », *Psychological Bulletin*, 103, p. 193-210.

Les auteurs

Jérôme Palazzolo

Médecin psychiatre libéral installé à Nice, Jérôme Palazzolo est spécialisé en psychopharmacologie et en thérapies cognitivo-comportementales. Il est également professeur de psychologie clinique et médicale au département santé de l'Université internationale de langue française Senghor (opérateur direct de la francophonie) à Alexandrie, en Égypte, et il anime des conférences partout dans le monde. Chercheur associé au Lapcos (laboratoire d'anthropologie et de psychologie cliniques, cognitives et sociales) de Nice et chargé de cours à l'université Côte d'Azur, il y a cofondé le diplôme universitaire de thérapies comportementales et cognitives.

En parallèle de ses études de médecine et de sa spécialisation en psychiatrie, Jérôme Palazzolo a suivi un cursus en pharmacologie, en neurosciences, en anthropologie de la santé et en psychologie.

Il a publié de nombreux articles de référence et plus de soixante-dix ouvrages traitant des diverses pratiques psychiatriques et des sciences humaines (https://www.docteurjeromepalazzolo.fr/).

Jérôme Palazzolo est par ailleurs pratiquant de karaté depuis plus de quarante ans [Fédération française de karaté, WTOKF (World Traditional Okinawa Karate Federation) et JKA (Japan Karate Association)], instructeur de Survival Fighting (Ishi-Ryoku), instructeur de Krav Maga (World Academy of Martial Arts), instructeur de nunchaku de combat (Fédération française de nunchaku de combat), premier kyu de kendo et ceinture marron de judo (Fédération française de judo, jujitsu, kendo et disciplines associées). Sportif de haut niveau, il a remporté les championnats du monde 2023 de tractions sur barre fixe.

Franck Ropers

Franck Ropers est un ancien athlète de haut niveau, pratiquant de sport de compétition depuis plus de cinquante ans, expert en arts martiaux et en self-défense, ceinture noire 7e dan indonésien et 7e degré français de Penchak-Silat, préparateur mental et physique, fondateur de l'Académie Franck-Ropers (https://www.academiefranckropers.com), avec plus de cent ceintures noires et 30 000 élèves formés, champion du monde 2023 de tractions et de pompes lestées, et créateur d'une chaîne YouTube comptant plus de 1 million d'abonnés.

Table

DU MÊME AUTEUR
CHEZ ODILE JACOB

Petite histoire de la masturbation, avec Pierre Humbert, 2009.
Coachez votre vie, avec Christophe Pinna, 2007.

Inscrivez-vous à notre newsletter !

Vous serez ainsi régulièrement informé(e)
de nos nouvelles parutions et de nos actualités :

https://www.odilejacob.fr/newsletter

Cet ouvrage a été composé
en ITC Galliard et en Whitney
par Nord Compo
à Villeneuve-d'Ascq (Nord).

Cet ouvrage
a été achevé d'imprimer
sur les presses de la
Nouvelle Imprimerie Laballery à Clamecy
en janvier 2025

N° d'édition : 4150-1085-X – N° d'impression : 501291
Dépôt légal : février 2025

Imprimé en France